保育に悩んだときに読む本

発達のドラマと実践の手だて

神田英雄
Kanda Hideo

ひとなる書房
HITONARU
SHOBO

はじめに

保育者六年目、二歳児を担当している神田有味子さんが、こんなすてきな子どもの姿を報告してくれました。


お散歩に出かけた時。

子どもたちと見つけた用水の排水溝のフタが網でできていました。のぞくと深い底が見えて、上を歩くのがこわくなります。

私は子どもたちに問いかけてみました。

「アミアミの上でジャンプしたらどうなるかなあ、先生落ちるかもしれん。落ちたら助けてくれる?」

大半の子がひきつった顔で「イヤー」との返事です。

最初は「イヤ!」といっていたはやちゃん、突然キッとなり、

「いいよ!」

「じゃあ行くね！」と私がジャーンプした瞬間、さっと隣からはやちゃんの手がのびてきて、私の腕をがしっとつかんでくれたんです！

あまりのことにまわりの保育者からも「おお～っ」と歓声があがりました。

私はあやうく惚れそうになりました（笑）。

落ちるわけもないのですが、「先生が危険だ！」と思ったんでしょうね。

ごめんはやちゃん。それからありがとう！

子どもは自分が大きくなることに素直に誇りを持つ存在であり、そのために精一杯背伸びをする存在です。二歳児は自我が充実する時期なので、かっこいい自分になりたいという意識が高まる時でもあります。はやちゃんの姿は、二歳児の姿として発達論的に説明することができます。

しかし、そういう知識を持っていても、やっぱりはやちゃんのエピソードには感動してしまいます。知識として子どもを理解することと、生きて泣き笑いする子どもの姿に接することとでは、子どもの体温の感じ方が大きく異なります。

保育は子どもと直接かかわる仕事ですから、保育者は育ちを導く役割を持ちながらも子どもたちから感動をもらって、子どもとともに育ち合う存在なのではないでしょうか。

私はこれまで、実践の中から子どもの姿を拾い、その成長を発達という観点から保育者とともに整理してきました。その中で、保育者自身も生身の人間として子どもからたくさんの影響を受けることを強く感じました。子どもから感動や喜びをもらった時と、子どもから悩みや苦しさをもらった時とでは、保育者の子どもへのかかわり方は違ってくるし、その違いは子どもの姿に再び影響を与えていきます。ですから、実践を語るとは、保育者↓子どもたち↓保育者↓子どもたち……という尽きることのない相互影響関係を語ることでなければならないでしょう。

本書がめざしたのは、子どもの育ちを語ることと、保育者自身の育ちや気づきを語ることとの、相互に関係するふたつの「育ち」を考えることです。

子どもの育ちについては、「大きくなりたい」という子どもの気持ちに応えるためにはどうしたらよいのかと考え、「育ち方」にウエイトをおいて記してみました。

竹馬に乗れるようになったとき、ひとりで練習して乗れるようになったときと、みんなに応援されて乗れるようになったときとでは、技術の獲得という点では同じでも、子どもの心の中に映し出される世界は異なるはずです。そして、子どもの心に映し出された世界の違いは、やがて子どもの世界観や心の豊かさの違いになっていくはずです。

子どもたちの「荒れ」が問題になり、心を育てることが重要な教育課題となっている現在、このような観点から発達を見ていくことも大切なのではないでしょうか。

保育者自身の育ちは、保育力量を向上させていくことと言ってもよいかもしれません。しかし、保育力量は技術や知識だけではないはずです。子どもといっしょに喜んだり、感動したり、時には苦しんだり、自分自身に悩んだり……そういう心の揺れ動きの中から生まれてくる人間性の深まりこそ、本当の意味での「保育力量」＝「子どもを大切に見守り導く力」だと私は考えます。保育力量の育ちを考えることは、子どもとともに生きてきた保育者の軌跡や人生を理解することですし、これから続く保育者としてのその人の未来に思いをはせることです。私にとって保育者は、子どもたちのことを、ともに考えともに育てていくかけがえのない仲間です。尊敬と共感の気持ちをもって、「保育者の育ち」について言及させていただきました。

本書は、次のことに配慮して書かせていただきました。

①抽象的に述べるのではなくて、実践を通して物語のように語る。
②記述の背後には、体系的な発達理解を置く。
③年齢別クラスの担当者が担当クラスの実践を探し出しやすいように、年齢別に記述したところは目次や見出しにその年齢を明記する。なお、「〇歳児」という表記は、原則として「〇歳児クラス」を示します。

④年度はじめから卒園まで、という保育の流れをゆるやかに意識する。

構成は次のようになっています。

第1章では、保育の基本はあそびにあることを示しました。また、年度はじめの保育を題材にして保育者自身の成長についても考えています。保育者の育ちとしては新人保育者の悩みを中心的にとりあげていますが、ベテラン保育者の悩みや立場の違う保育者の悩みについても記してあります。さまざまな立場の違いを越えて相互理解に裏打ちされた深い協力関係ができたときに、一人ひとりの保育者も輝いて働けるのではないかという趣旨で述べさせていただきました。

第2章では、夏頃までの保育を、子どもの人間関係に焦点を当ててとりあげました。春から夏にかけては、新しいクラスができたばかりで保育が軌道に乗りにくい時期です。しかし、この時期は秋以降の保育を左右する重要な時期であると私は考えています。新しいクラスが誕生してから保育が軌道に乗るまでのプロセスをたどってみました。

第3章では、子どものトラブルをとりあげています。トラブルは子どもにとっても苦しい出来事ですが、保育者にとっても苦しい出来事です。しかし、ケンカやクラスの中の軋轢などのさまざまな問題は、それをのりこえることによって子どもたちに成長をもたらしていきます。

また、トラブルから保育者が学ぶことも多いはずです。トラブルの中に子どもたちのどのような思いを読み取り、トラブルを解決した先にどのような成長を展望するのかを考えてみます。

第4章では、〝大きくなりたい〟という子どもの発達要求を本当に応援するとはどのようなことなのかを考えました。一般に、何かができるようになることを「発達」と言いますが、子どもたちが求めているのは、できるようになることだけではないはずです。「どのようなしかたでできるようになりたいのか」ということも子どもたちは求めているはずです。そのふたつを「見える発達」と「見えにくい発達」という言葉で表して考えてみました。「育ちの中味」を大切にするだけではなく、「育ち方」も大切にすることが、子どもの心を豊かに育てることにつながり、自分の未来に希望とあこがれを持って育っていくことにつながるのではないかと思います。

子どもの今の喜びと未来の幸せのために奮闘してこられた保育者のみなさん、今まさに奮闘されている保育者のみなさん、理想をもって未来の保育者として羽ばたこうとしている保育学生のみなさんに、本書を捧げます。

二〇〇七年夏

神田　英雄

もくじ◎保育に悩んだときに読む本

第4章 〝大きくなりたい〟を応援するとは？——発達の見える側面と見えにくい側面 153

装幀　山田道弘
装画　せきしいずみ

第1章

あそびからはじまる

——保育者としてのはじまり、一年のはじまり——

四月。新年度がはじまります。

子どもたちにとっても新入園・進級という新しいはじまりの時ですが、保育者にとっても新しいクラス、新しい一年がはじまる時期。

新人保育者にとっては、保育者としての自分史がはじまる時でもあります。園にとっても、人事異動などがあり、新年度は常に「新しい保育園」としてのはじまりの時でもあります。

第1章では、一年のはじまりにかかわって、これらのことを考えてみます。

新人保育者は、保育という仕事にどのように入っていくのでしょうか。

新しいクラスに慣れない子どもたちに対して、どのような保育が求められるのでしょうか。

新しい保育者集団はどのような職場づくりをめざしていけばよいのでしょうか。

順に考えてみましょう。

1　保育者にとってのスタートライン

新人保育者の持ち味としてのあそび

鈴木文代さんは、保育者になった一年目に、次のような経験をされたそうです。

その年、数日間にわたる園庭工事があり、昼休みには工事にたずさわるおじさんたちが園庭にゴザを敷いてお弁当を食べていました。鈴木さんがそばを通りかかると、一人がこう話しかけました。

「あなたに担任された子どもは幸せだね。だってあなたは体を張って子どもとあそんでいるから。」

工事をしながら保育をしっかりと見ていたのでしょう。若い力を存分に発揮してあそんでいた鈴木さんには、思わぬところに理解者がいたわけです。

ところが、続く言葉が鈴木さんにショックを与えました。

「でもね、あなたは子どもになめられているよ。」

保育者になって一年目。子どもとの信頼関係を崩すのがこわくて、しっかりと叱ることができていなかった。それを指摘されたわけです。衝撃を受けた鈴木さんは、それから「子どもを叱れるようになること」を自分の目標にしました。

翌年。鈴木さんは子どもたちの気持ちが自分から離れていく経験をします。「叱らなければならない」と強く思ったがゆえに、叱って子どもを律しようとする保育になってしまったのでしょう。子どもとの気持ちのすれ違いに悩んだ鈴木さんは、さらに考え方を改めます。

「叱ることがうまくできないのなら、無理して叱ることはない。それによって自分の持ち味を失ってしまったら元も子もない。自分の原点である、子どもと体を張ってあそぶことから再出発しよう。」

こう思い直すことによって、三年目からはまた保育が楽しくなり、その後、長い保育者としての仕事を軌道に乗せていったということでした。

叱ることは、若い保育者にとって、とてもむずかしいことです。

「あなたを嫌っている」ではなく、「あなたを大切にしているから叱るんだ」というメッセージを込めなければなりません。しかし、保育経験が浅い場合には「どのように叱れば子どもたちに自分の気持ちが伝わるのか」というコツがつかめず、「どの程度ならば大目に見てもよいのか」という頃合いもつかめません。そのために叱り方に余裕がなくなってしまいます。叱りすぎたり、叱れなかったりの揺れ幅の中で苦労するのが新人保育者ではないでしょうか。

鈴木さんの経験を私は次のように解釈しています。

若い保育者にとって、子どもたちと体を張ってあそぶことが何よりも大切である。そこから信頼関係も生まれるし、信頼関係ができた後でならば、子どもに伝わる叱り方もおのずと身についてくるのだ、と。

あそびは子どもにとって大切ですが、保育が成立するためにも大切である。そして、保育者が自分の保育をつくり上げていくためにも大切なことなのだと思います。

新人のよさを引き出す園内討論——三歳児クラス六月の事例

ある保育園の職員会議に参加させていただいた時のことです。それぞれの保育者が悩みを出し合い、子ども理解を深め、保育を向上させていこうという目的で、場面記録をもとに討論を行ないました。

六月。話題提供者は三歳児を担当する一年目の新卒保育者でした。
報告は次のようなものでした。

男の子九名、女の子三名の小規模な三歳児クラス。乱暴なふるまいをするAくんがいて悩んでいる。Aくんは、友だちに対してだけではなく、保育者やおかあさん方にも跳び蹴りをしてくる。友だちを泣かせるたびに保育者は、泣いている友だちの悲しい顔を見せたり、どんな思いをしているかを伝えるようにしているけれど、その場で謝るだけ。大きな声で目線をしっかり合わせて本気で怒るとしゅんとするけれど、怒って言うことを聞かせてしまうのもよくないと思う。

クラス全体のまとまりのなさにも悩んでいる。集まりの時に何人かは部屋から飛びだしていってしまう。上靴を履いたままで園庭に飛び出してあそんでいたこともある。一人が出て行くとみんなつられて、ほとんどの子どもがいなくなってしまったこともある。おやつの後の降園準備もうまくいかない。先輩のアドバイスで降園準備の前のあそび時間を三十分延長したら、その時はよかったけれど、長続きしない。……

まだ保育経験は二ヵ月。毎日が悩みだったことでしょう。表情は暗く、「自分は保育者に向いていないかも……」という悩みをかいま見せながらの報告でした。職員会議での先輩たちのアドバイスは、そんな彼女を救うものでした。ある保育者は、次のように指摘しました。

あなたは一年目でうまく叱ることができないって悩んでいるけど、叱り方は決して悪くないと思う。

そもそも叱るというのはどういうこと？

ふたつの考え方があると思う。

ひとつは、「保育者に叱られて嫌な思いをしたから二度とやらない」と子どもが感じるようにすること。この考え方も大切だけど、この考え方だけでは、結局は保育者が追いつめられてしまう。なぜかというと、Aくんのようなタイプの子は、一回叱られても、もう一度やるよ。「嫌な思いを与えることが叱ることだ」と考えていると、二度目にやった時は「前の叱り方が足りなかった。もっと嫌な思いを経験させなければ」と考えて、叱り方がきつくなる。三度目もやったらどうなる？「これ以上どう叱ったらいいの？」と保育者が追いつめられて、言葉の暴力のような叱り方をしなければならなくなるよね。

叱ることのもう一つの考え方は、自分のやってしまったことに気づいて「しまった」と思う後悔の気持ちをひきだし、「もう後悔したくないから悪いことはしない」と思えるように子どもを導くこと。自分のやってしまった事実を通して子どもが学べるように導くやり方だよね。最初のやり方だと嫌な思いを与えるのは保育者だから、子どもは保育者に嫌われたと思ったり、保育者に対する反発心がわいてきたりする。二つ目のやり方は保育者といっしょに事実を点検してどうすればよかったのかを考えようとすることだから、保育者との信頼関係は叱る中でも深まるかもしれない。

あなたの記録には、「友だちを泣かせるたびに保育者は、泣いている友だちの悲しい顔を見せたり、どんな思いをしているかを伝えるようにしている」と書かれているよね。友だちの顔に気づかせる、というのは、Ａくんが自分でやってしまったことの結果に気づかせようとしていることじゃない？　友だちがとっても嫌な思いをした、ということは、言葉だけでは通じない。泣いている友だちの表情を通して、「嫌な気持ちにさせてしまったんだ」という友だちの気持ちに気づくように導いている。自分に自信を失いかけているようだけど、自分のやっていることに自信を持ったらいいいと思う。

別の保育者は、こう発言しました。

あなたの記録にある「怒って言うことを聞かせてしまうのもよくないと思う」という言葉は

大切だと思う。あなたはまだ一年目。保育者としての仕事がはじまったばかり。きつく怒れば子どもは動くかもしれない。だけどきつく怒って子どもを動かすクセがついてしまうと、そういう保育者としての道を歩んでしまうかもしれない。お迎えが来ても帰りの準備ができていなくておかあさんたちに謝らなければならない日が続くと保育者が追いつめられるから、子どもを叱りとばしてでも明日は日課通りにまとめたくなってしまうもの。そんな中にありながら「怒って言うことを聞かせてしまうのもよくない」と思っていられる自分の保育観を大切にしたらいいと思う。

最後に別の保育者との次のようなやりとりがありました。

- 先輩保育者「確かに私たちは『あそびを三十分長くしたら？』とアドバイスしたよね。そのアドバイスをあなたはどう理解した？」
- 担任保育者「日課がスムーズに進まないので、日課に無理がある。だからあそびの時間を長くしてゆとりをもたせたらいいんじゃないか、というように理解しました。」
- 先輩保育者「それは、私たちの伝えたかったことの半分なの。あなたの保育を見ていると、さっき指摘された通り、トラブルがあった時には飛んでいって、本当にていねいに仲裁をしている。だけど、仲裁している時に、別のところでトラブルが起こる。あなたはまたそっちへ飛んでいく。そういうくり返しになっていると思う。結局、仲裁はていねいでも、クラスが楽しくなくなっているんだ。楽しくなかったら保育室から出て行ってしまうのも当たり前だよね、三歳児なんだから。トラブルによっては、対応を軽くしてもいいと思う。その分、子どもたちと楽しくあそんだらいい。楽しくなったら子どもたちはきっと保育室に戻ってくるよ。『あと三十分』というアドバイスは、時間の問題ではなくて、楽しくさせてやったら？　という意味だったんだけどな。」

担任保育者は、討論した九十分間に見る見る表情が明るくなって、最後には「明日からやってみます！」と生きいきとしていました。

園内討論とは、このようなものだと私は考えています。保育者にはそれぞれの持ち味があるし、いいところも未熟なところもある。討論することによって持ち味を自覚し、いいところを見つけて、それをいっそう自覚的に実行できるようにすること。同時に、他の保育者も自分とは違った持ち味の保育者からヒントをもらう。そうすることによって園全体の保育が向上していく。

この日は、そんな討論ができたのではないかと思います。

しかし、ここで私が言いたいのは園内討論の方法についてではありません。新人保育者が保育という仕事の力量を身につけていくためには、学ぶことがたくさんあります。日課を無理なく進める見通しを持つことも大切だし、トラブルがあった時には仲裁していく力も大切です。しかし、子どもたちとあそぶことによって子どもたちに楽しい毎日をプレゼントしていくことがやはり基本にある。

あそびを基本にすえて、あそびから出発するということが、これから力量をつけていく保育者にとってもとても大切なのではないかと考えます。

2　子どもに寄り添ってあそびを育てるとは？

あそびの内側に保育者がいること

園生活では楽しいあそびが基本にある、と前節で述べました。では、楽しいあそびを築くとはどのようなことなのでしょうか。第二節では子どもの視点に立って、あそびを育てるとは何かを考えてみます。あそびの援助や指導に関する実践や理論はたくさんありますが、ここでは一つのことだけを指摘したいと思います。それは、「自分たちにとって楽しいことは先生にとっても楽しい」と子どもたちが感じているかどうか、ということです。保育者があそびの外ではなくてあそびの中にいること、と言い替えることもできます。

あそびの事例検討会で、保育者の藤田有美子さんは、四歳児クラスの次のような事例を報告してくれました。

Ｙくんは砂場で一生懸命穴を掘り、斜め下にむかって深い穴ができていた。私がＹくんの前にしゃがむと、Ｙくんが「先生、ここ深いよ。手、入れてみやあ」と笑顔で声をかけてきた。「どれどれ。（手を入れて）おっ、深い！　いっぱい掘ったね。水もいっぱいたまってる。」半袖の服の袖は、胸のあたりまで泥だらけ。心の中では、〝すごい、服の泥……〟と思っていたが、そこまで夢中になって掘ったのかな？と思い、そのことにはふれなかった。「まだ掘っていくの？」「うん！　もっと深くする」と、手は穴に入れたままで得意気な顔で言う。

保育者がそのままそばで見ていると、Ｙくんは「先生も手伝ってみる？」と一言。ちょっと吹き出して笑いながらも、「手伝ってみよっかな？」と掘るのを手伝う。

斜め下に掘り進めていたつもりが、他の子が水を流し込むので、砂がけずれ、横向きになる。Ｎくんがそばで山をつくり、トンネルを掘り、川にしていたものとつながり、穴になっていたところは、トンネルのようになってしまった。

深い穴にしようとしていたので、「トンネルになっちゃったね」と私が言うと、Ｙくんは「掘るの失敗したけどいいんだ」と笑う。素直になれないところもあるＹくんなので、本当は嫌だったのではないかと思ったが、Ｙくんは Ｎくんと川を長くしようとしている。私もいっしょに川を掘る。Tくんもやって来る。Tくんも服が泥だらけになりながら、必死にトンネルの下の川を長くする。

おやつの前に年長児とリレーをしようという計画になっていたので、片づけの放送が流れてきたところで、「片づけになっちゃった」と私が言うと、「えーっ!」と声を出す子どもたち。〝えーって思うよねえ〟と心の中で思いつつ、「今日、年長さんとリレーするよ」と声をかけると、Yくんが、「このままでいいじゃん」と言う。Tくんはまだ掘っている。「そうだね、とっておこう」と私。事情を知らない子が、川を砂で埋めようとすると、Yくんは「いいんだよ、このままで」とさえぎる。私もいっしょに「こわさないでね」と声をかける。

あまりにも泥だらけの服なので、着替えに部屋に入る三人。袋から服を出し着替えているが、なんだかニコニコしている。「先生が服を洗うから、服くださーい。みんながリレーの用意してるから急いでねえ」と声をかける。「はいはい」(〝わかってますよ〟といった感じの返事)と笑顔で持ってくるYくん。服を洗い「おかあさんにもう一回洗濯してもらってね」と着替えを終えたYくんに渡すと、「わかってるって」と言い、服を片づけ、三人で「いそげー」とリレーをするために待っているみんなのところへ走っていった。

(藤田有美子、事例メモ)

この事例から、「あそびが本当に楽しかった時には日課の切り替えも気持ちよく進んでいく」という結論を導くことができます。しかし、もう一歩つっこんでみましょう。なぜこの日のあそびがこんなに楽しくなったのか？

「先生も手伝ってみる？」と言ったYくんの言葉に注目したいと思います。保育者が吹き出してしまったのは、「私は大人なのに穴掘りが好きだとYくんは思っている」というYくんの子どもらしさを感じたからです。ここにこそ、この事例のポイントがあると思います。あそんでいる子どもから見て、大人は二通りに分けることができます。一つは、あそんでいるのは子どもで、大人はそれを見守っている存在。大人はあそびの外にいます。もう一つは、自分たちと同じようにワクワクしている大人。子どもから見ると、大人はあそびの中、こちら側にいます。右の事例でYくんが「先生も手伝ってみる？」と言ったのは、先生が「こちら側の人」として理解されていたからではないでしょうか。そのようなすてきな誤解が、先生といっしょにあそびを楽しくもりあげていく励みになったと考えることができます。

「あそびが本当に楽しかった時には日課の切り替えも気持ちよく進んでいく」という結論は、微調整されなければなりません。「早くみんなのところに戻ってね」など、日課を進めていこうとする保育者の言葉に、子どもたちが「わかってるって」と気持ちよく応えたのは、あそびが楽しかったからだけではなく、自分たちの仲間としていっしょにあそびの楽しさを共有した人の言葉だったからです。つまり、保育者があそびの中にいる時、そのあそびがいっそう楽しくなるし、保育者の言葉も子どもたちに気持ちよく伝わるようになる、ということです。

もちろん保育者は大人として、環境を整備するなどして「あそびの外」からも子どもたちにかかわらなければなりません。しかし、それだけでは子どもたちのあそびは十分に育っていかない。「あそびの外」からかかわると同時に、子どもたちの意識には「自分たちといっしょにあそびの中にいる人」として映し出されることが、あそびを築くうえでは極めて重要なのではないでしょうか。

あそびを通して新しい環境での活動を導く

四月は新入園児が入園してきます。園生活に慣れない時は、親との別れに大泣きするだけではなくて、あそびに誘っても見ているだけ、体は動いていても心が躍動していない状態が続きます。新入園児が園生活に慣れるためには何が必要なのでしょうか。

何日かの経験を経て日課を理解し、夕方のあそびが終わる頃にはおかあさんやおとうさんがお迎えに来てくれるという見通しを持てるようになること。担任の保育者がおかあさんやおとうさん代わりになって自分たちを見守っていてくれると理解すること。なかよしの友だちができて、人間関係の中に居場所が見つかること。園のさまざまな事物や空間に馴染み感を持てること……。さまざまな要因が考えられます。園生活に慣れるとは、親との別れに泣かなくなることではなくて、園の中で自分から心を動かしてあそぶようになることである、と考えるならば、子どもの園生活のスタートにおいても、あそびがどう生まれるのかを考えることが大切です。

ある幼稚園の園内研修で、新入園三歳児の導入期のあそびについて、次のような事例が報告されました。

三歳児のA児は母親と離れられず泣いたり、泣き止んでも自分の道具棚の前から離れられず、まわりの様子を見ていたりすることが多かった。

六月三日

A児は一人でソフト積木の上に座り、つまらなそうにBブロックの棒を上下に振っていた。教師が「何してるの?」と聞くと、A児は「うーん」と言って答えない。そこで「先生も入れて」と言って積木に座り、同じようにBブロックの棒を上下に動かしてみた。しばらくするとA児が「魚釣りだよ」と小さい声で答えてきたので、教師は「そっかー、魚釣りなんだ」と言ってから「本当だ。魚が釣れた」と魚が釣れた真似をしてみた。

それを見たA児は「釣れた魚はここに入れて」と部屋の隅に置いてあるソフト積木の隙間に

入れるように教師に言う。そこで教師も「おっとっと……」と魚が逃げそうな格好をしながら、魚を隙間に入れる真似をして「ここに入れておけば魚が逃げないね」といって魚釣りを楽しんだ。

六月四日

A児は昨日と同じように一人で魚を釣る真似をしていた。そこで教師が「先生、釣竿買ってきたんだ」と広告紙を丸めて紙テープをつけたものを見せると、A児は「僕もほしい」と同じようにつくり魚を釣る真似をしていた。それを見たB児とC児も「僕も魚釣りしたい」と寄ってきた。

するとA児はすぐに教師に寄ってきて耳元で「切符がいるんだよ」と言ってくる。「そっかー、でも切符はどれ?」と聞いてみると、かごに入っていた小型積木を持ってきた。そこで教師は「Bくん、Cくん、魚を釣りたい人はAくんに切符を渡さないといけないんだって」と言ってA児が持ってきた積木をB児C児に渡す。それを少し離れてみていたA児は、少し照れながら積木を受け取っていた。

隣に座って同じように魚を釣る真似をしようとしたB児がすぐに「魚はどこにいるの」とA児に聞く。A児は困ったような顔をして教師を見るので、教師「そうだね、魚がいるね」と折り紙で魚をつくる。三人は釣ろうとするが、魚はくっつかない。B児は「釣れないよー」とA

第２節
子どもに寄り添ってあそびを育てるとは？

児に言う。また、A児は困ったような顔をするので、教師「釣堀のおじさん、餌をつけてあげなきゃあ」と言ってA児にシールを渡すと、シールをテープの先につける。すると魚が釣れ、A児もB児もくり返し魚釣りを楽しんでいた。

園生活に慣れないA児に対して、保育者が心の支えになり、あそびに誘っていった事例です。しかし、「保育者が心の支えとなる」と簡単に言ってよいでしょうか。慣れない子どもにとっては、保育者も園の一部です。担任保育者といえども最初は見知らぬ大人なのですから、保育者が誘っても、三歳児は「いいの」「ここにいる」と言って、参加しようとしないことが多いものです。この事例でも、保育者が「何してるの？」と誘った時には、「うーん」と言って答えられませんでした。

「先生も入れて」という保育者の言葉が決め手だったように考えられます。その時、A児はBブロックをつまらなそうに振っていただけで、「あそんでいる」とはいえない状態でした。にもかかわらず保育者は「入れて」という言葉で、A児と同じ側に立ちました。自分といっしょにあそぶ側に立ってくれたと感じたから、A児の気持ちが「あそび」のほうに揺り動かされ、「魚釣りだよ」という言葉が出たのでしょう。この言葉はその場限りの思いつきの言葉だったのかもしれませんが、A児をあそびの方向に向けて動かしはじめていることは確かです。翌日、

B児とC児の参加というA児にとっては負担感を増やす進展がありましたが、「自分といっしょにあそぶ側にいる保育者」を心の支えとして、友だちとのあそびへとあそびをふくらませていっています。

この事例から読み取れることもやはり、保育者は「子どもをあそばせる人」ではなくて、「子どもといっしょにあそぶ人」だということです。保育者があそびの外側にいるのかあそびの内側にいるのか。それは、子どもたちが園の中であそびを中心とした生活をスタートする時にもきわめて大切なことなのではないかと考えられます。

あそびの中から信頼関係が生まれる

ここまで、保育者があそびの内側に立つのか、あそびの外側に立つのかが重要な問題だと述べてきました。子どもは幼ければ幼いほど、大人といっしょにあそんで、興味や関心を共有したがります。三歳以上児になると、子どもたちだけであそんで、保育者を必要としていないように見えることもあります。しかし、その場合でも、楽しくあそんだ後では顔を紅潮させて保育者に報告に来て、自分たちの楽しさを保育者に共感してもらおうとするでしょう。「ボクたちが楽しいと思うことは、保育者もきっと楽しいと思っている」という関係は、乳幼児期の全期間を通して共通していると考えます。

あそびは方言のようなものです。ふるさとを離れて都会へ出てくると、方言はいつの間にか使わなくなります。でも、里帰りした時には、ごく自然に方言が口をついて出てきます。あそびも同じで、まわりの人が同じように楽しんでくれる時は、あそびは自然にふくらんでいきます。たとえ環境が整い技能の指導があったとしても、まわりの人が楽しむ気持ちを持っていない時には、あそびはしぼんでしまうでしょう。保育者があそびの内側に立つことによって、あそびの楽しさは大きくふくらんでいきます。それは子どもたちの関心や意欲を高めることを通して、育ちの内実をつくっていくことなのだと思います。

保育園や幼稚園を観察させていただくと、とってもすてきな光景にぶつかることがあります。ある園の四歳児。園庭の隅のあずま屋で、四人の男児と女児が砂でお団子をつくっていました。楽しそうにあそびながら、一人が「美香先生、こないかなー」と言いました。すると、隣の子どもも真似をして「美香先生、こないかなー」。その隣の子どもが「だって、美香先生、大大大大だーい好きだもん」と続けました。「美香先生、大大大大だーい好きだもん」という言葉は四人に広がって、声を揃えて楽しそうに何度もリフレインされました。その間も、子どもたちの砂をいじる手は一刻も止まっていません。ボクたち楽しくあそんでいるよ。その楽しさの中に早く先生も入っておいで。そうするとボクたちももっと楽しくなるんだから……そう言っているように聞こえました。

園生活や子どもと保育者の信頼関係はあそびからはじまる。子どもの育ちの中味づくりもあそびからはじまる。そして、最終的に保育がめざすことも、あそびの充実である。保育の軸があそびにあることをブレさせないでいきたいと思います。

3　思いが理解される職員集団づくりをめざして

子どもはなぜ、新人保育者には違った姿を見せるのだろう？

六月に行なわれたある研究会で、保育歴二ヵ月ちょっとの新人保育者から悩みが語られました。

二歳児十人を五年目の保育者といっしょに担当しています。お昼寝の時、私はたった一人の子どもを眠らせることができません。もう一人の保育者は九人を眠りにつかせているのに。結局、最後にはその保育者が来て、私に代わってくれます。どうして私にはできないのでしょう。自分に悔しくて、申しわけなくて……。

研究会にはベテラン保育者も若手保育者も参加していましたが、みんな経験があることなので、「うんうん、そういうことあるよね」とうなずいて聞いていました。新人の時、誰もが一度は通る道です。

保育者にトントンしてもらわなくても、保育室が落ち着いた雰囲気になって子どもたちが自然に寝入っていくのがいちばん望ましいことです。けれども、とりわけ年度はじめで生活の流れを子どもが体で覚えていない時には、なかなか寝つけないもの。だから、眠りにくい子どものそばに保育者がついて、眠るまで見守っていくことも必要です。では、中堅保育者がそばにいる時には眠りについて、新人保育者の場合はうまくいかないのはなぜなのでしょう。

新人保育者の頭の中には、いつも大きな時計があります。「給食の時間に間に合うためには、何時までにお片づけを終えなければならないか」「そのためには、何分まであそんでいてよいのか」等々。新人は体で生活のリズムを覚えていませんし、どのくらい日課に融通をきかせてよいのかもわかりません。日課がズレてしまった時に対応できる応用力もこれからです。慣れない頃の保育は、時間との闘いといってもよいでしょう。お昼寝の時も同じです。「何時何分頃までに寝入ってくれないと、保育ノートやお便りを書く時間がなくなってしまう。早く眠ってほしい」という気持ちでいっぱい。そういう時の「トントン」では、子どもたちはなかなか眠れないものです。

別の若い保育者はこう言いました。

「私が子守歌を歌っていたら、隣のベテラン保育者から『歌のテンポが速くなってるよ』と指摘されました。『早く眠ってほしい』という気持ちが、『トントン』のリズムや歌のテンポを速くさせてしまっていたようです。」

これらの発言を受けて、五年目以上の保育者からは、次のような発言が続きました。

「私も、『悟り』を開いたのは保育者になってから数年後だよ。あせっている自分を感じた時、『眠れなかったら、横になっているだけでも体が休まる』と開き直れるようになったら、子どもも眠ってくれるようになった。」

「添い寝している保育者がうっかり眠ってしまった時には子どもも眠るよね。保育者も眠くなるくらいのリズムや雰囲気が、子どもに安心感や眠りをもたらすのだと思う。」

「私は、自分があせっていると感じた時は、自分のために子守歌を歌うよ。そうすると自分の気持ちも穏やかになって、子どもも眠っていける。」

「自分の呼吸を意識するよね。そして、子どもの呼吸のリズムに自分の呼吸のリズムを合わせていくと、子どもも眠れるようになる。保育者の呼吸に子どもを合わせようとすると、眠れない。」

保育者としてしなければならない仕事はたくさんあります。一つひとつをきちんとやり遂げていきたい、新人だって一人前の保育者なんだから、と新人保育者は考えます。もはや実習生ではないのだから一人前として働くのは当然ですし、その気持ちは保育者としての力量を高めていくうえでも大切です。

しかし、「自分にはできない。こんなに役に立たない私では、いっしょに組んでいる先輩保育者に申しわけない」という気持ちが大きくなりすぎると、いたたまれなくなって先輩と目を合わせることができなくなってしまいます。そんな時、先輩保育者は、「自分から目を伏せるようになったのは、私に対して何か不満があるからではないだろうか」と感じて、新人に声をかけにくくなります。二人の歯車の回転がぎごちなくなってしまいます。

冒頭で紹介した新人の相方である五年目の保育者は、「私が十人の子どもを寝かせることになっても、何とも思っていないよ。慣れないうちは一人を眠らせることができない時もあるよね」と発言されました。保育者どうしのこのような相互理解が、保育を豊かにつくりだしていく基盤にあるのではないでしょうか。

保育の力をつけていくためには、知識や理論も大切ですが、実際に保育をした「手応え」から学ぶことも重要です。自分のどのようなかかわり方が子どもたちのどんな表情や行動を導いたのか、という手応えです。それが「子どもから学ぶ」ということですが、新人保育者は経験が浅いのですから、「手応え」の積み重ねはまだありません。

名古屋市の保育所で働いている若いKさんは、こんな報告をしてくれました。一年間の保育が終わり、翌年の担任が決まっているけれどもまだ父母には伝えられていない時、Aくんのおかあさんが「来年は○○先生に担任してもらいたいなあ」とつぶやいたのを聞いてしまいました。Aくんの担任はKさんと決まっていました。「私が担任だと知ったらAくんのおかあさんは、きっとがっかりするだろう」という恐れを抱きながら、Kさんは新年度を迎えます。ひるむ気持ちで保育がはじまったのですから、スムーズなスタートを切ることができないのは当り前です。父母との懇談会はとても緊張したそうです。クラスには集団の中に入りにくい子どももいて、年度途中まで、保育が大変だったそうです。

そんな時、園長先生が助け船を出しました。「○○ちゃんと△△ちゃんは私が見ているから、あなたは他の子どもたちと思いっきりあそんでみなさい。」

Kさんは、ちょっと少ない人数になった子どもたちと氷鬼をしてあそんだところ、かつてなくもりあがり、子どもたちの表情も生きいきとして、自分自身もとても楽しかったそうです。そして、「ああ、これが保育なんだ!」と実感したそうです。手応えを感じたので、それをすべての子どもたちとつくりあげていけるように自分なりの工夫がはじまりました。その結果、年度後半は自分でも満足できる保育ができたということでした。

手応えを得られやすい状況をつくって新人保育者を育てた園長先生の手腕も見事ですし、それを自分の向上のために生かした若手保育者も見事です。

保育力量を向上させるのは、何よりもまず、自分自身の実践から学ぶことであり、実践から学ぶとは、担当している子どもたちの行動や表情から、保育者自身の動きが子どもにどのような影響を与えたのかを読み取っていくことです。新人保育者はまだまだうまく動けないのが当たり前。それを申しわけないと感じるのではなく、学ぶ意欲に転化させることで、「子どもから学ぶ」を実践していきましょう。

ベテラン保育者の悩み

新人には新人の悩みがありますが、ベテラン保育者にはベテランの苦しさもあります。保育歴三十年目の保育者であるAさんは、こんな経験をしました。

五歳児クラスが二つある園で、一クラスを自分が担任し、もう一クラスを一年目の保育者が担当しています。自分のクラスのほうにはいわゆる「荒れた子」がいました。その子の行く先々で友だちとのトラブルが起こり、ケガをさせるようなケンカも頻繁です。今までの自分の保育が通用しない、と悩みました。

ある日、その子が隣のクラスであそんでいる姿を目撃しました。いつもの険しい雰囲気が消え、穏やかな表情であそんでいます。Aさんはハッとしたそうです。隣のクラスは一年目の保育者の担当だから日課がスムーズに進まず、保育者はいつも最後にあわてています。しかしそれは、収拾がつかないという見方もできるけれど、子どもたちがのびのびしているという見方もできるのではないだろうか。自分は見通しがあるので生活はスムーズに流れるけれど、時々ハメを外したくなる子どもの気持ちが許されていないのではないだろうか……。

Aさんは意を決して、ある日の職員会議で発言しました。

「私は保育者になって三十年目で、それなりの実績もあると思ってきました。しかし、今年は子どもたちのトラブルに悩まされてきました。そして、三十年目の私ですが、一年目の保育者から学ばなければいけないこともあることに気づきました。明日から私は変わります。みなさん、応援してください。」

その園で、Aさんは園長、主任さんに次ぐ年長者です。自分よりも若い保育者集団に向けて、自分が変わるから応援してほしい、というメッセージを送ったわけです。職員会議のあと、若い保育者たちは「Aさんってすごい」「私はあんな発言をする勇気をまだもてない」と語り合っていたそうです。

Aさんは、三十年のキャリアがあるのに保育がうまくいかない、キャリアがあるために悩みを語ることもできない、という苦しさに押しつぶされそうになっていたのではないでしょうか。職員会議のあと、Aさんにはゆとりが生まれました。そして、数ヵ月後には、「荒れた子」も穏やかな表情になって、トラブルが消失していったそうです。

翌年三歳児を担当したAさんは、輝く表情でこう語ってくれました。

「今年の子どもたちもとてもかわいい。何かがあって私が叱った時、叱っている間は子どもは神妙に聞いているけれど、『わかったらいいよ』と締めくくると、次の瞬間にワーンと泣いて私に抱きついてくるんです。こんなこと、今までありませんでした。今までの私は、子どもが泣きついてくることができないほど、スキを見せない保育者だったんですね。去年の苦しい一年間のおかげで、私の欠点を変えることができました。」

経験年数を積んだからといって、保育の悩みがなくなるわけではありません。けれども、ベテランだからきっといい保育ができるはず、という目で見られてしまいます。経験によって得られる保育力量はすばらしいけれど、保育に「これで完成」という終着点はありません。若手もベテランから学ぶけれど、ベテランも若手から学ぶ。いっしょに学び合って高まり合うことこそ、保育者魂と言えるのではないでしょうか。

こすもす保育園で三十年の経験を持つ保育者の吉戸櫻子さんが、次のような記録を書いています。

私がフリー担当で〇歳児クラスのおやつの世話をした時のことです。二年目の保育者のなえちゃんが担当しているグループに入りました。

「今日はなえ先生じゃないけど吉戸さんとやろうね!」

と、張り切っておやつの前の歌を歌いはじめると、月齢の大きいKちゃんが「ヨシトサン、チアウ(違う)」とつぶやきました。何言っているのかなあと思いながらもう一度歌うと、「チアウ!」。

Kちゃんは私の手をとって、手の甲を丸くして自分のテーブルをトントンさせます。

「ボクのテーブルでやって!」ということだったのかなあと思い、その場はごまかしたのですが、気になったので翌日なえちゃんに尋ねました。

なえちゃんは「吉戸さん、そうなの。このクラスの子どもたちも大きくなったから、小さい声で歌って、指でテーブルをそっとトントンしてみたりしているんです」とニッコリ。

「へえ~、じゃあ、Kちゃんは私に『もっと小さい声で、指でやるんだよ』と教えてくれたんだ。すごーい。」

私はKちゃんにビックリしましたが、Kちゃんを通して若いなえちゃんの保育の工夫を教えてもらったような気もしました。

三十年目の保育者と二年目の保育者の信頼関係がうかがえるような記録です。子どもに応じて保育を変えていく若い保育者の工夫もすてきですし、子どもからの小さな指摘を聞き流さずに翌日確かめて、「若い保育者から教えてもらった」と言えるベテランもすてきです。「若手もベテランも保育者としては同じ」という気持ちでつながった時、園全体の保育が気持ちよくまわっていくのではないでしょうか。

さまざまな立場を理解し合って

保育園や幼稚園には、さまざまな人が働いています。前項では若手とベテランという経験年数の違いをとりあげましたが、園長、主任保育者、クラス担任保育者とフリー保育者、障害児担当保育者、調理員、正規職員と臨時職員など、職種や立場もいろいろな人が働いています。それぞれの人々が職種や立場の違いを超えて子どものためにつながり合った時、保育が向上していきます。

立場の違いを超えてつながるとは、どのようなことでしょうか。

それぞれが一生懸命なのに、つながりが一歩深まらないために保育が苦しくなってしまうことがあります。たとえば、障害児対応保育者の場合。多動や飛び出し、友だちに乱暴することの多い子どもを担当した保育者の気苦労は大変なものです。その子との信頼関係が深まるまでの間は、危険がないように子どもを追いかけまわすだけの保育で、働きかけても反応を返してくれない「空振り感」でいっぱいになってしまいます。

クラスで制作活動をしていた時、自分の担当する子どもが友だちの制作物をこわしてしまったらどうなるでしょう。担当保育者は自分の責任のように感じて、クラスの子どもたちにも担任保育者にも申しわけない気持ちでいっぱいになってしまいます。「自分が担当の子どもをもっと深く理解していれば」「もっと上手なかかわりができてさえいれば」と、自分を責めることもあるでしょう。

障害児担当保育者は、子どもとかかわりが深まらない苦しさだけではなく、担任保育者に気を使う苦しさ、自分一人にその子の責任がかかっている孤独感など、さまざまな苦しさをかかえこんでしまうことがあるわけです。

めばえ保育園で障害児対応をしていた奥村晶子さんは、保育者になって三年目に、自閉症の四歳児Mくんの担当になりました。ブランコが大好きなMくんは、公園へ散歩に行くと帰る時間になるまでずっと、三十分から四十分はブランコに乗っていました。ブランコに乗っている時は声がよく出て、機嫌もよかったのですが、ブランコだけでは友だちとの交流が持てません。せっかく統合保育をしているのだから、友だちとのかかわりも経験させたい、という思いが募ります。帰る時間になってもブランコから降りたくなくて、誘いかけると泣いてしまい、保育者がおんぶをして連れて帰るという日も続きました。ブランコもいいけれど、みんなともあそんでほしい、おかえりの時は気持ちを切り替えてほしい。奥村さんはそんな気持ちでいっぱいです。そういう時、奥村さんの働きかけは「ブランコから降りるように」という方向に自然に向いてしまいます。するとＭくんはますますブランコから降りなくなるのでした。

奥村さんは職員会議で自分の悩みを語りました。他の職員からは、「〝楽しい感覚〟を経験するのは大切だから、今しばらくはブランコの活動を保障したらいいのではないか」という助言が出されました。それを聞いた奥村さんは不安や迷いがなくなり、Ｍくんが満足するまでブランコに乗ってもらおうと気持ちを切り替えます。

ブランコに乗っているＭくんに保育者としてできることは、とにかくブランコを押すことだけでした。ただ押しているだけでは、保育者として何もしてあげていない気がして、歌を歌ったり、話しかけたり、表情が見える正面に行って押したりしていました。返事は返ってきませんでしたが、かかわりが少しずつ増えていきます。

ある日、園庭でブランコに乗っている時、あつまりの時間になったので、「ブランコ、おしまい。あつまりだよ。かもしか（組のお部屋）に行くよ」と言ったら、今まではひっぱっても動こうとしなかったMくんが、「おしまい」と言って自分からブランコを降りて部屋に戻って行ったのです。もっと長く乗っているかと思っていたので「あれっ、もう行くの？」と驚いたくらいでした。

それ以降、今やっていることをやめる時には、声をかけると「おしまい」と言うようになりました。おしまいの意味がわかるようになり、「おしまい」と自分で言うことで気持ちを切り替えられるようになったのです。

奥村さんは次のように語っています。

「いつもブランコを押してくれる保育者を、『この人の顔はよく知っているよ！』という感じで、顔を見るとすぐに笑ってくれたり、Mくんのほうから保育者の顔をのぞきこんでニコーッと笑ってくれるようになりました。大好きなブランコにずっとつきあってきて、少しずつ保育者との関係もできてきたので『おしまい』が伝わるようになったのではないかと思いました。」

保育者は一人で考えている時には、「〜ねばならぬ」という使命感に追われます。「みんなとかかわらせなければいけない」「おかえりの時間はみんなと同じ時間に帰らなければならない」。保育者としての当然の願いなのですが、ゆとりのない使命感は、保育者を苦しくさせ、表情を堅くさせ、子どものちょっとした素振りに気づいて応答する可能性を奪ってしまいます。そういう時、子どもは変わっていけません。

奥村さんがゆとりを取り戻したのは、自分のあせりを園の保育者たちが理解してくれたから。保育者を保育者が理解することによって、一人ひとりの保育者は心にゆとりを持つことができるのではないでしょうか。そのゆとりが保育を柔軟にし、結果的に子どもを育てていくのではないかと思います。

保育者集団が協力し合うことは大切ですが、協力の質にはさまざまなレベルがあります。役割分担をしてひとつの行事をつくりあげることも協力関係ですし、自分のクラスの子どもが給食の時に園庭に出ていたら「○○先生、△△ちゃんがお外にいるよ！」と教えてくれることも協力関係でしょう。しかし、実務レベルでの協力関係は、まだ深い協力関係とは言えないと私は考えます。保育者は、自分の担当する子どもが他の保育者に叱られた時、まるで自分が叱られたような気持ちになってしまうことがあります。「○○先生、また△△ちゃんがお外にいるよ！」と言われると、「また」は、保育者である自分の至らなさを指摘されたように感じて、教えてくれた保育者に感謝しながらも、心のゆとりが奪われてしまいます。

ある研究会で、私は高知市のB保育者から相談を受けたことがあります。相談内容はこんなことでした。

私は四歳児を担当していますが、クラスの半分の子どもが家庭で虐待を受け、児童相談所からも紹介のあった子どもです。だから、激しいケンカが絶えません。けれど、ケンカのない時はみんな私にべたっとくっついてきます。あたたかい関係を求めているのだと思います。だから私はできるだけすべての子どもを受け止めるようにしているのですが、どうやったらたくさんの子どもを受け止めることができるでしょうか。

私は「今はどうやっているの？」と質問しました。

Bさんは、こう答えました。

「だっこを求めてきた時、一人をおんぶして、片手に一人ずつ二人をだっこして、だっこした手の小指を開いて一人ずつ小指を握らせます。それでもいちどきにかかわれるのは五人です。受け止めてもらいたがっている子どもは、もっとたくさんいるんです。」

Bさんは二十代のまだ若い先生です。子どもたちの激しいケンカの連続に、きっと疲れきっているだろうと思いました。しかし、子どものことを「困った子だ」とは一言も言いません。「子どもの気持ちがわかるから、とにかく受け止めたいんです」というばかりでした。受け止めるとは体を触れ合うだけではない、別の受け止め方もある、というアドバイスを返すべきだったでしょうか。しかし、私はBさんの一生懸命さに感動して、「あなたは十分やっている。その気持ちがいつかきっと報われると思う」と言うことしかできませんでした。そして、尋ねてみました。

「そういうクラスの保育をしていると、保育者として泣きたくなることがあるんじゃない？」

Bさんはこう答えました。

「はい。毎日泣きたいです。でも、子どもの前で涙を見せると子どもが不安になるので、子どもの前では泣きません。泣きたくなった時は、園長先生のところへ行って泣きます。」

Bさんもすばらしいけれど、園長先生もなんとすばらしいのだろうと思いました。園長先生が保育者を理解しているから保育者も子どもを理解できるのでしょう。

後日、私はBさんが働くH保育園の他の先生方とお話をしました。「クラスの半分が被虐待児」というのは、四歳児クラスだけではないそうです。「全部のクラスがそうだよね」と、保育者たちは笑います。「だから一人では保育できないの。どのクラスの子どもも自分が保育する子ども、という気持ちをすべての保育者が持っていなければやれないよ」と語る保育者たちの表情がとても明るかったのが印象的でした。

保育者集団の相互理解、相互に守り合う関係というのは、このようなことを言うのではないでしょうか。すべての保育者がすべての子どもに対する当事者であるという連帯感と、保育者どうしがお互いを理解し合うことによってもたらされる安心感と信頼感。とても大切なことに気づかされたように思いました。

年度はじめは、一年間の園づくり、クラスづくりの計画を立てる時期です。同時に、どのような保育者集団を園の中に築いていくのかをイメージする時期でもあります。保育者集団が相互理解と相互信頼をめざした時、その園では、きっと豊かな保育が展開される一年になることでしょう。

第2章

“いっしょが楽しい”を育てる

――夏頃までの保育でめざすこと――

保育園、幼稚園で、子どもたちは集団の中で生活しています。友だちと気持ちのいい関係を築き、協力してあそびをつくっていく姿は、大人に感動を与え、大人の気持ちをあたたかくする力さえもっています。

第2章では、夏頃までの友だち関係の育ちについて考えてみましょう。

年度後半になると、子どもたちは年齢発達に応じたつながりをつくり、年長児であれば協力関係や役割分担をして、みんなで何らかの活動をつくり出していきます。一、二歳児であっても、〝つもり〟を友だちと共有したみたて・つもりあそびが可能になります。

他方、新年度がはじまったばかりの頃は、友だちに対するひるみ、おそれ、遠慮などがあり、自分を発揮できなかったり、自我領域を守るために攻撃的になったり、それぞれがバラバラに活動してまとまりがなかったりなど、集団が形成されていないために保育がむずかしくなることがあります。保育者の仕事はケンカの仲裁ばかり、子どもたちが思い思いの意図で動くので日課もスムーズには進みません。そういう時、保育者は保育の楽しさよりも大変さを強く感じてしまい、保育が重く感じられるのではないでしょうか。

一人ひとりがバラバラである春先から、つながって活動をつくり出していく秋・冬までの中間に、まだまだ協力関係は十分ではないけれど、みんなでいっしょにいることに喜びを感じ、友だちを求める姿が出はじめます。このような姿をここでは〝いっしょが楽しい〟という言葉で表現してみました。いっしょにいることを求め寄り添ってくると、みんなで動くことが比較的スムーズになります。保育者の方向づけやヒントを子どもたちが吸収して、自分たちの目的意識を持ってあそびや生活活動を行なおうとするので、クラスの活動が格段に楽しく進んでいくようになります。保育者は「保育が軽くなった」「楽しくなった」という感覚を持つことでしょう。

一年間の保育を見通す時、中間目標として夏頃までに〝いっしょが楽しい〟を築くことが、年度後半の充実を保障するように思われます。保育が軽くなるまでの時期は、一年間の中でひとつの山場、ひとつの踏ん張り時なのかもしれません。

本章では、まず、典型例として二歳児の〝いっしょが楽しい〟について考察します。続いて一歳児へと年齢を下り、その後で幼児期について考えてみます。

1　二歳児の〝いっしょが楽しい〟を育てる

〝いっしょが楽しい〟という姿

埼玉・あかね保育園の黒沢茂子さんの実践記録から、二歳児の〝いっしょが楽しい〟という姿を取り出してみましょう。九月はじめの姿です。

女の子たちが二、三人でプールわきの柵に服をひっかけて〝洗濯物干しあそび〟をしています。それを見た男の子たち二人が、隣の場所に人形やお椀、コップ、ペットボトルなどを乗せて、拍手をして喜んでいました。

またホールでは大勢で大型積み木を運んでいます。みんなで〝家づくり〟をしているのかな、と思ったら「新幹線で〜す」「太鼓ドンドンドーン」という声があがります。そしてその脇ではお家ごっこ。

それぞれイメージしていることは違うのだけれど、いっしょの場所に寄り添ってきて、いっしょにあそんでいることが楽しい様子でした。

（黒沢茂子「みてみてコールから大発見！」『現代と保育』第五七号、二〇〇三年）

あそびのイメージはバラバラだけれど、みんなの近くにいるうれしさが伝わってきます。このような姿が、二歳児の〝いっしょが楽しい〟姿です。

黒沢実践で、〝いっしょが楽しい〟を子どもたちが感じるきっかけになったのは、プールあそびでした。

七月。プールあそびの時に、くみちゃんが水面に正面から倒れたり、水の中で目をあけたりしてダイナミックにあそび、その姿を「みてみて」と保育者にアピールしてきました。保育者は「くみちゃん、すごーい」と応答するのですが、他の子どもにも気づいてもらうために、「みんな、くみちゃんをみてみて！」と友だちの目をくみちゃんに向けました。すると、みんなに認められたのでくみちゃんはますます意欲的になり、みんなも「自分もやれる！」と同じことをはじめて、動作を介した共感が広がっていきました。

このような保育者のかかわりを、黒沢さんは「〝みてみてコール〟を〝みんなもみてみて！〟に広げる」という言葉で表現しています。

「友だちが見える」とは、「友だちの姿が目に映る」ということと同じではありません。目には見えているけれど、意識には映っていないことがあるからです。そこに友だちがいることはわかる。だけど、友だちが何をしようとしているのかがわからないならば、友だちが見えていないことと変わりありません。新しいクラスになったばかりの頃は、ほんとうには友だちが見えていないのではないでしょうか。動きの活発な友だちに対しては、その子が何のために動いているのかがわからず、いつ自分にぶつかってくるかわからないこわさを感じるかもしれません。引っ込み思案な子どもは萎縮して自分を出せなくなってしまうし、活発な子は友だちの激しい動きによって興奮がよびおこされ、ちょっとしたことでケンカになってしまいます。友だちが静かにあそんでいても、その子が何をやっているのかがわからなければ、「楽しそうだな、ボクも同じことをやりたい」という気持ちはわかずに、それぞれが自分のあそびをしていることでしょう。

友だちが見えるようになった時にはじめて、子どもは友だちと同じことをやりたくなって、友だちのそばであそびはじめます。友だちとのかかわりが成立してくると、今まで「こわい」とだけしか感じなかった友だちのイメージも、「同じことをして楽しめる存在」に変わってきます。

二歳児という年齢に限定すれば、友だちの行動の意味を理解できるのは、自分もやったことのある行動を友だちがしているのを見た時、あるいは、友だちのしているのと同じことを自分もやれると思った時だと考えられます。「〝みてみてコール〟を〝みんなもみてみて！〟に広げる」という黒沢さんの働きかけは、それぞれの子どもたちがやろうと思えばできることを媒介として、友だちの姿を心に映すように導いたことだったと考えられます。

楽しい体験を共有することによって〝いっしょが楽しい〟が育つ

黒沢実践は、保育者と個々の子どもとの関係が軸となっていた年度はじめの状態から、保育者を軸としつつも子どもたち相互の関係を築き、やがて保育者がいない時にも友だちといっしょを求めて集団の中で安定できるようになるという、二歳児クラス前半期の大きな流れを教えてくれました。その転換点となったのは「〝みてみてコール〟を〝みんなもみてみて！〟に広げる」という保育者のかかわりでした。〝いっしょが楽しい〟が育つためには、その他にもさまざまな経過があり、多様なかかわり方があるに違いありません。

愛知・第二そだち保育園の加藤美千代さんと稲垣優二さんの実践は、別の視点から〝いっしょが楽しい〟が育っていくことを記しています。

子ども数が十二名のこのクラスも、四月当初は大変でした。ままごとをすると、一人の子どもがおもちゃのなべを二つ持って打ち鳴らし、ついでにガラスや友だちの頭もたたいていく。危ないと思って止めると、今度はペットボトルでつくったおもちゃで頭をたたく、重ねて片づけてあったお皿を一枚ずつ手裏剣のように飛ばす……。当たった子は次々と泣き出してしまいます。スーパーレンジャーになって、関係ない友だちに後ろから〝エイッ〟と向かっていく子どももいます。やられた子どもはやり返しにいく。他の子どもたちも緊張感が高まり、自分の手の届く範囲の子の顔をつかんだり、押し倒したり……。

仲裁ばかりの毎日で新年度がはじまりました。しかし加藤・稲垣実践では、七月頃から〝いっしょが楽しい〟という姿が見られはじめます。実践記録から拾ってみましょう。

友だちと目が合うだけでうれしそうにするようになりました。食事やおやつの時にみんなで座るとうれしくて、〝ア～〟と声を出すと、同じように〝ア～〟といったり、机をバンバン叩くとまねをするということがくり返されました。また、座る時も〝ココイイヨ〟と椅子をずらして隣に入れるようにしたり、〝イッショニイコウ〟といって手を差し出すと〝イイヨ〟といって手をつないでトイレに行ったりする姿が出てきました。並んで座り、立ち上がるのも顔を見合わせていっしょに立ち上がれるとうれしいという姿がどんどん増えてきました。
あそびの中でも長いベンチに座るとバスごっこがはじまったり、一冊の絵本をみんなで見たり、ダンゴムシがどこにいるか教えてあげたりするなど、保育士なしでも友だちとかかわる姿がよく見られるようになりました。とにかく友だちが好きで友だちといっしょにいるという様子でした。プール活動がはじまるとワニさんになりリラックスして五〜六人で顔を見合わせニコニコしあうことが多くありました。

（加藤美千代・稲垣優二「花開く　みたて・つもりあそび」、第二そだち保育園、二〇〇六年）

四月にはトラブルメーカーだった子どもたちの気になる行動も、この頃にはほとんど見られなくなります。子どもたちがバラバラである時には、気になる姿がクローズアップされるけれど、クラスがまとまって落ち着きはじめた時は、それらの行動も急速に少なくなっていくように考えられます。「保育が軽くなる」とは、日課がスムーズに進むだけでなく、新しい環境に慣れないために生じる子どもどうしのトラブルも、次第に消えていくことなのだと言えるでしょう。

友だちに緊張感をもっていた四月から〝いっしょが楽しい〟と感じるようになった七月までの間に、このクラスの子どもたちはどのような経験をしたのでしょうか。

実践者をまじえて討論した結果、大きくみて、二つのポイントが浮かび上がってきました。ひとつは、黒沢実践と同じように、友だちと同じことをして楽しむ経験をいっぱいしたこと、もうひとつは、友だちと相互受容の関係を築いたことです。順に説明していきましょう。

黒沢実践と同じように、加藤・稲垣実践でも、保育者を軸として数人の子どもたちと楽しい活動に取り組んでいきました。「大風こい」などのあそびを一対一で行なうだけではなく、数人が同じ布の下に隠れるなどして、おもしろさを共感していきます。

しかし、それにとどまらず、友だちがやっているのを見て「ア、あれをやってるんだ！」とわかり、だから「ボクもやりたい」と思えるような手がかりを保育の中にたくさんちりばめました。

絵本『ねずみのでんしゃ』（ひさかたチャイルド）の読み聞かせの時、保育者は「チューチュー　ゴーゴー　チューゴーゴー　ねずみの電車がチューゴーゴー　はやいぞはやいぞ　チューゴーゴー」という言葉に即興の節をつけて読みました。くり返し読むうちに、いっしょに口ずさむ子が増えていきました。

そのあと、保育者が牛乳パックでつくった台を橋にみたてて渡りながら「チューゴーゴー～」というと、子どもたちが寄ってきて、何人かでつながって歩きはじめました。このあそびが大好きになって、おやつを先に食べ終えた子が牛乳パックの台を二つ並べて長くし、

♪チューチューゴーゴー～♪と言ってあそびだすと、おやつを食べ終えた子がその言葉を言いながらあそびに参加しだし、単純なあそびをくり返すという姿がどんどん見られてきました。♪チューチューゴーゴー～♪という言葉が子どもたちの共通の言葉になり、それを聞いただけで「ア、あれをやろうとしてるのね」ということがわかって、いっしょにあそびたくなるからだと理解されます。

「ア、あれをやろうとしているのね」「ア、あのことを言っているのね」とわかり合う経験は、おもしろかった共通体験を子どもの心に呼び覚まし、子どもたちの絆を強めていくはずです。

加藤・稲垣実践では、タンポ画の取り組みでも子どもたちに共通の体験を思い起こさせていきます。

グリンピースのさやむきをしたあと、タンポ画の描画活動に入っていきました。さやをパカッと割った感動を残したいというねらいからですが、その時の保育者と子どもたちのかかわりは次のようでした。

はじめに保育士がやってみました。紙にはさやが大きく一つ描いてあります。

保「グリンピースのさやをパカッと開けたらどうだった?」

子「オマメハイッテタ」

保「お豆入っていたね（といって一つポンと押す）」
子「コッチニモアッタ」「イッパイアッタ」
保「いっぱい入っていたね。一つ取ろうとしたらコロコロ～と飛び出してきたね（といってさやの外にもポンポン押す）。（押しながら）いっぱいあったね。このくらい？」
子「モットイッパイ」
保「いっぱいとって、いっぱいあったね」
子「ウン」

（加藤・稲垣、既出）

子どもたちと保育者とが思い出を語り合いながら、絵をつくっていきます。保育者に続いて子どもたちもタンポ画を描きはじめますが、さやむきの様子を思い出しておしゃべりしながら描いていきます。完成したものを飾ると、はじめは自分の描いたものを見て、アーダッタ、コーダッタと話しているのですが、そのうちに友だちの描いたものにも目が向いて、「○○チャンモシタネ」「イッショニシタネ」と友だちとの会話がはじまりました。描画を通して共通の体験を思い出し、いっしょに体験したという「友だちとの生活の積み重ね」が子どもたちの絆をつくっていくようでした。

そのクラスの子どもたちの特徴にもよりますが、一般に二歳児クラスの中盤は、共通のイメージをわかり合うことはまだ不十分で、そのために集団でみたて・つもりあそびをつくり出すのはむずかしい時期です。しかし、共通であそびをつくり出すことはできなくても、さまざまな手がかりを通して、友だちのやろうとしていることがわかり、友だちといっしょに体験したことを思い出していくことができる。そのような経験が友だちとの絆をつくり、〝いっしょにいるのが楽しい〟という姿として結実してくるのではないでしょうか。

迎え入れられる喜び、迎え入れる喜びが〝いっしょが楽しい〟を育てる

加藤・稲垣実践が行なったことのふたつ目は、友だちを迎え入れる喜び、友だちに迎え入れられる喜びを子どもたちが経験できるようにしてきたことです。

友だちとの関係は、同じことをして楽しむだけではありません。意見が対立したり、物の取り合いといった、要求の対立も生じます。ですから、保育者の手助けをうけて同じことをして楽しむだけでは関係づくりには不十分です。要求がぶつかり合った時には交渉して譲ってもらう、また自分が譲ることもあるという、「交渉」や「やりとり」の力をつけていかなければなりません。それがなければ、保育者をまじえてあそぶ時は集まるけれど、友だちに対する緊張

感は消えず、保育者のいないところではトラブルが続いたりバラバラであったりする状態が続くでしょう。〝いっしょが楽しい〟という姿にはならないはずです。

異なる立場に立った子どもたちがやりとりを成立させていくこと。しかも、拒否的で暗礁に乗り上げてしまうやりとりではなくて、相互に受け入れ合うやりとりが経験できること。そんな経験ができれば、友だちは自分のものを奪いに来て「返して」と言っても返してくれない壁のような存在なのではなく、わかってもらえる相手なんだ、という友だち観が成立してくるのではないでしょうか。

加藤・稲垣実践では、生活のなかのさまざまな場面を活用して、違った立場にある子どもたちが相手を迎え入れる、相手に迎え入れられるという経験をつくってきました。

たとえば、給食準備の場面です。保育者が給食室に給食を取りに行こうとすると、何人かの子どもたちがついてきます。保育者が「じゃあ行こうか。出発進行エイエイオー」「イッテキマース」と言うと、保育室に残る子どもと保育者からは「いってらっしゃーい」という声がかかります。ワゴンをはこんで「タダイマー」と部屋に戻ると、部屋に残っていた子どもたちからは「オカエリー」の声がかかります。加藤・稲垣さんは、「〝いってきます↔いってらっしゃい、ただいま↔おかえり〟のやりとりは、受け止めてもらった実感が持て、心地よさを感じる言葉になっているように感じたので大切にし、意識して使っていった」と述べています。

町田浩志さんの「おふろにどうぞ」のあそびもアレンジして、二〜三人であそぶようにしました。この歌の「どうぞ」の歌詞が迎え入れられる喜びや迎え入れる喜びを感じさせるようで、毎日くり返しあそぶうちに、二〜三週目ぐらいには、友だちどうしで誘い合ってあそぶ姿が見られるようになったといいます。その他のあそびでも「いれて」「いっしょにやろう」の言葉を保育者は意識して使うようにしていきました。

「どうぞ」「いっしょにやろう」はひとつの言葉にすぎません。しかし、ひとつの言葉の裏側にある、「受け入れる」というニュアンスは、友だちとの関係づくりがはじまる二歳児にとっては、安心感を与えるとても大きな意味があると考えざるを得ません。

友だちとの楽しい経験をして、それが子どもの心に積み上げられて、次の活動をする時にも「ア、あれをしているのね」とわかって仲間入りしたくなること。友だちに迎え入れられ、迎え入れる喜びを経験して、友だちってかかわり合える存在なんだという友だち観や友だちに受け入れられた経験が、子どもの中に積み重ねられていくこと。それらは、あそびの場面であっても、生活の場面であっても、保育者の心遣いによってたくさん経験できるはずです。その二つの経験が数ヵ月間積み重ねられてきた時、〝いっしょが楽しい〟という気持ちが子どもの中に育っていくのではないでしょうか。そしてそれによって、子どもたちが友だちといっしょに自発的に活動をはじめ、保育を軽くし、保育を充実させていく条件を子どもの側からつくってくれるのではないかと考えられます。

2　一歳児の〝いっしょが楽しい〟

一歳児の〝いっしょが楽しい〟姿

前節では二歳児の実践をとりあげて、〝いっしょが楽しい〟が育つプロセスを見てきました。同じようなことは、一歳児クラスでも見ることができます。

愛知・天使みつばち保育園の犬塚恵理子さんは、一歳児の〝いっしょが楽しい〟が育つプロセスを実践記録に記しています。犬塚さんの記録から、一歳児の〝いっしょが楽しい〟姿をとりだしてみましょう。六月の姿です。

楽しい体験をしていく中で、友だちや保育者と〝楽しいね〟と目を合わせて笑い合う姿がたくさん見られるようになりました。

園庭で水を触ってあそんでいる時、同じことをしている友だちと目が合って笑い合ったり、トイレに座っている友だちと目を合わせて笑い合う姿も見られます。言葉が出るようになって、今は目を合わせながら「イッショ」がうれしい子どもたちです。パンツをはく時も友だちと並んではいて「イッショ!」、トイレに並んで座って「イッショ!」、給食の時間もにんじんをスプーンにのせて「イッショ!」、なんでも友だちと〝いっしょ〟がうれしい子どもたちです。排泄も〝行こう〟と思えるし、苦手な野菜も〝食べてみよう〟と思えます。〝いっしょ〟の力は大きいです。（犬塚恵理子「〝イッショ〟が大好きな一歳児」、天使みつばち保育園、二〇〇七年）

一歳児でも「イッショ」を喜ぶ気持ちがとても大きくなっていることがわかります。

興味深いのは、前節でとりあげた二歳児の実践と同じように、犬塚実践においても〝いっしょが楽しい〟が育ちはじめた時、子どもたちのトラブルが少なくなっていったことです。四月当初は散歩に行くにも、一人ひとりがバラバラで、出発するまでの時間が長くかかりました。クラスも騒然としていました。しかし、〝いっしょが楽しい〟が育ちはじめた頃、子どもたちがトラブルをもつれさせずに解決する姿も見られはじめます。

鉄棒に子どもたちが四、五人ぶらさがると、その姿を見て少し離れたところからKちゃんが走ってきて友だちの間に入ろうとしました。すると「イヤダ！」「ダメ！」「Kも！」など、〝自分がー！〟の気持ちをストレートに出す子どもたちでした。保育者が間に入って、

保育者「Kちゃんもやりたいんだよね」

K（うなずいています）

保育者「代わってって言ってみようか」

保育者・K「かーわってー」

Y「だーめ！」

鉄棒をしている子どもたちの気持ち、Kちゃんの鉄棒をやりたい気持ちを保育者が受け止めて、「Yちゃんたちもやりたいんだよね。Kちゃんもやりたいんだって……十数えたらKちゃんに代わってもいい？」と子どもの気持ちを受け止めたあと、ほんの少し待つと代わってくれました。少しの〝間〟がYちゃんにとって友だちの気持ちを考える時間になりました。

保育者がYちゃんに「ありがとう」と言うと、Kちゃんもいっしょに「ありがとう」と言い、Yちゃんはウンウンうなずきました。Yちゃんの表情から気持ちを受け止めてもらったうれしさが感じられました。

（犬塚恵理子、既出）

一歳児ですから、自我のぶつかり合いがなくなるわけではありません。月齢が進むにつれてそれぞれの子どもが順番のようにかたくなな自己主張をする姿を見せてきましたが、暗礁に乗り上げるトラブルは多くならず、いっしょの活動を楽しめるように生活が進んでいったそうです。

このように、一歳児も二歳児と同じように〝いっしょが楽しい〟が子どもたちを結びつけていきますが、一歳児と二歳児の違いはどこにあるのでしょうか。本章の冒頭にあげた二歳児の〝いっしょが楽しい〟姿と、右にあげた一歳児の〝いっしょが楽しい〟姿とを比較すれば、その違いが見えてきます。一歳児は、友だちと並んでパンツをはくのがうれしい、友だちと同じようににんじんをスプーンにのせるのがうれしい、というように、同じ動作を媒介として「イッショ！」を楽しんでいます。二歳児ではどうでしょうか。「新幹線で～す」とあそんだり、「太鼓ドンドンドーン」とあそんだり、その脇ではお家ごっこをしていたり（五七ページ）。動作は同じではありません。同じ動作がなくても、友だちと近くにいることがうれしいわけです。もちろん、一歳児も動作を求めているのではなく友だちを求めているということは、「〝楽しいね〟と目を合わせて笑い合う姿」が見られることから明らかです。どちらも友だちとの交流を楽しんでいるのだけれど、そのための媒介項として一歳児は共通の動作を必要とし、二歳児は必ずしも必要としないということがわかります。

一歳児に〝いっしょが楽しい〟を保障したい時には、わかりやすい動作によって〝いっしょ〟が目に見えることが必要なのだと言えるでしょう。

一歳児に〝いっしょが楽しい〟を育てる

犬塚実践に戻りましょう。犬塚さんはどのような経験を通して、一歳児に〝いっしょが楽しい〟を育てたのでしょうか。

ひとつのポイントは、散歩と、散歩のあとのおしゃべりでした。該当部分を記録から引用してみます。

散歩先で

天気のよい日は、毎日散歩に出かけました。散歩先で犬を見つけると子どもたちは指さしをしたり「ワンワン」と言ってとてもうれしそうです。寝ている犬の前を通ると子どもたちは「ワンワン」「ねんね」と言葉で伝えてくれたり、保育者の方を見て指さしをしたり、保育者の目を見てうんうんとうなずき、目で犬がいることを伝えてくれたりします。私たちは子どもの気持ちに寄り添い、「わんわんいたね」「わんわんって言っているね」と一人ひとりに声をかけながらうれしさを共感していきました。

おやつの時

午後のおやつの時間は、子どもたちがとても落ち着いている時間でした。保育者が何か話をしようとすると、〝先生、何を話すのかな？〟というように保育者を見るのでした。そこで今日の散歩で子どもたちにとって印象強かったことを、「わんわんいたね」「ワンワン！って言っていたねー。ビックリしたね」「ねんね、していたね（真似をして）」などと話しました。子どもたちは保育者の話を聞きながら散歩のことを思い出すように、にっこりしながら「ワンワンいた！」「ワンワン行く（また行きたい）」などの言葉や、〝うん、そうだよ〟〝楽しかったね〟と表情豊かに生きいきとした目をして保育者に自分の気持ちを伝えてくれるのでした。

（犬塚理恵子、既出）

ものごとを頭に思い浮かべる力を「表象」と言いますが、一歳は表象が誕生する年齢です。表象が誕生すると、子どもたちは「わかった！」という感情を感じるようになります。なぜならば、「わかった」というのは、出会ったものごとと自分の頭の中にある表象（知識）とが結びついた時に感じる感情だからです。犬をみて「わんわん！」と言うのは、「知っているものを見つけた！」という驚きです。物の表象を「事物表象」、行動についての表象を「行為表象」と言うことがあります。「寝る」という行動についての表象は行為表象です。一歳児には事物表象だけではなくて行為表象も成立しているから、寝ている犬を見ると「ボクの知っている行為をしている！」という感動も生じて、「わんわん、ねんねしてる！」という感動の言葉が出てきます。

知っているものを発見し、頭の中の表象と結びつけることによって、表象はさらに幅広く豊かに拡大していきます。「子どもの心の中が大きくなっていく」と言ってもよいでしょう。そして、発見したものを保育者や友だちに伝えてわかってもらった時には、「自分の心に浮かんだものが保育者や友だちに伝わった」という感動を経験します。心の中が広がることと、伝わる喜びを感じることとの両方を散歩は満たしています。そしてまさにこのことが、伝わる相手がいることとの喜びにつながります。

おやつの時の雑談はどうでしょうか。「わんわんいたね」という保育者の言葉によって、子どもは直前の経験の表象を呼び起こして「あ、あのことを言っているのね、わかった！」という感動を経験します。一歳児は思い出すのにちょっとだけ時間がかかるので、最初は「ン？」という表情をしてから、一瞬後に「わかった！」とにっこり笑います。保育者の言葉によって子どもたちみんなが共通の体験を思い起こした時、自分が思い起こしたことと友だちが思い起こしたことと同じことだということが伝わり合う感動を経験するでしょう。こうして、伝わり合う相手としての友だちの存在が喜びを生み出してくるのだと言えます。

しかし、一歳児の表象はまだ幼いので、浮かべることのできるのはひとつふたつの単語で言い表すことのできるようなものに制約されています。ですから、「座った」「スプーンにのせた」という単発の動作が、相手の気持ちを理解し合う靱《じん》帯となるのだと言えるでしょう。

子どもたちが共通の行為表象を持った時、友だちのやっていることの意味がわかりはじめます。そして、自分も同じ行為をしたくなります。こうして、同調と共感の姿が生まれ、〝いっしょが楽しい〟という気持ちが引き出されるのだと考えられるでしょう。

犬塚さんは、散歩がはじまり、おやつの会話が楽しくなった頃、それまでは目的意識性がやや希薄であったSちゃんの変化を記しています。

「Sちゃん、散歩に行こうか」と声をかけると、いつも何となく歩いていくSちゃん。この日も保育者が声をかけると、保育者といっしょに部屋を出てテラスに座りました。私は「靴を履こうか」と声をかけようと思いましたが、Sちゃんの目が、いつもと違い何かを見ているようだったので、少し何も言わずに見守りました。Sちゃんは先に外に出ていたYちゃんが歩いている姿や外の雰囲気を見ていました。すると、Sちゃんの目が靴に向きました。そして保育者を見たのです。「Sちゃん、靴を履いて外に行こうか」と言うと、しっかり首を振って「うん」。その様子は自分のしたいことがはっきりとしている表情、保育者が〝自分のしたいことをわかってくれた〟というすっきりとした表情でした。自分から靴に足の指先を入れて、足首と指先を動かし〝靴を履くんだ〟という気持ちが伝わってきました。保育者が手伝いながら靴を履くと、最後に手の人差し指で、靴ひもがわりのマジックテープの上をギュッと押しました。〝靴履けた〟とでも言うように……。

（犬塚恵理子、既出）

友だちのYちゃんが歩いて散歩に行こうとしているのを見て、「散歩に行く」という行為表象が呼び起こされ、「これをやるんだ！」という目的意識がくっきりと引き出されたのだとわかります。指でマジックテープの上をギュッと押したのは、「はけた！」という完了感と「よし、いくぞ」という目的意識とが合体して引き出された行動ではないでしょうか。友だちのやっている行為の意味が伝わっています。

このように、行為表象が生まれた一歳児は、友だちの動作を理解し、同じ動作を自分もすることによって、伝わり合う友だちどうしという気持ちが引き出されていきます。先に引用した〝いっしょが楽しい〟姿を子どもたちが見せはじめたのは、このような経験が積み重ねられた一〜二ヵ月後のことでした。

「ねんねしてる」「くつを履く」という、はっきりとわかる行為があり、その行為をお互いに見ることができ、そして、その行為を端的に表す言葉がある時、同じ行為を理解し合えることによって〝いっしょが楽しい〟という気持ちが生み出されるのだと考えることができます。そして、〝いっしょ〟がうれしくなった時、子どもたちの行動がつながってきて、保育が軽く、楽しくなっていきます。

〝いっしょが楽しい〟の次に育つもの

犬塚実践では、六月頃までに〝いっしょが楽しい〟が育ちました。その気持ちは、年度後半に向けてどのように発展していくのでしょうか。クラスの子どもたちのその後を簡単に紹介して、この節をしめくくりたいと思います。

同じ動作をいっぱい楽しむようになった子どもたちは、十月に「パラパラ」あそびをはじめます。最初はカップに砂を入れて、そこにパラパラと白砂を振りかけるあそびでした。この行為に「パラパラ」という名前をつけることによって、「パラパラしよう」という言葉で子どもたちが同じ目的意識性を持てるようになります。パラパラあそびは、白砂パラパラからはじまり、花びらを砂に散らすパラパラあそび、新聞紙を破ってパラパラ降らせるあそびへとバリエーションを広げていきます。そして、サツマイモにグラニュー糖やきなこをパラパラふりかけて食べる「パラパラクッキング」へと展開します。そのあとでは、パラパラクッキングがあそびの中で再現されるみたてあそびへとつながっていきました。みんなで同じ「つもり」を共有するつもりあそびが成立してきたわけです。二歳児のつもりあそびとは違って、まだまだひとつの動作を再現するみたてあそびですが、みんなで同じテーマを持って楽しむ姿へと子どもたちは成長していきました。

夏までに育った〝いっしょが楽しい〟が、年度後半にはみんなでつもりを楽しめる道を拓いていったのだと考えることができるでしょう。

ここまで、二歳児と一歳児の〝いっしょが楽しい〟を見てきました。新しいクラスができて友だちの様子がよくわからなかった時期から、やがて友だちとのつながりを形成して楽しくなっていくという一年間の流れは、どちらの年齢にも共通でした。二歳児では楽しい経験を共有し、一歳児では定型的な動作を共有するという違いはありますが、はぎれのよい言葉がそれぞれの共通経験を思い起こす働きをするという点も共通しています。楽しい経験や動作をみんなが知っていて、それがクラスの共通財産になっていること、そして、それらを思い起こす共通の言葉があること。このふたつが、〝いっしょが楽しい〟を保障するポイントになりそうです。

また、共通の思いが子どもたちを結びつけていくためには、お互いを受け入れ合う経験も重要な意味を持つように思います。

3　幼児クラスの夏

それぞれの思いは少しずつ違うけれど、いっしょが楽しい——三歳児の実践から

幼児期になると、子どもたちの思いや気持ちはより内容豊かに複雑になっていきます。役割を分担して協力し合うなど、友だちとも複雑なつながり方で結びついていきます。ですから、一、二歳児と同じ〝いっしょが楽しい〟という言葉で幼児期の豊かな人間関係を表すのは不適切かもしれません。にもかかわらず、夏頃までは、やっぱり、〝いっしょの楽しさ〟が重要であることを示す実践がたくさんあります。以下では、三歳児～五歳児クラスついて、それぞれひとつずつ実践例をあげて考えてみましょう。

三歳児クラスを担当した大谷由香里さんも、夏頃に子どもたちがつながってくる経験をして

います。

四月は大変でした。給食の時間になっても、園のいろいろなところへ散っていて帰ってこない子どもたち。自分の通るところに誰かがいると突きとばしたりおもちゃを投げたりするので、みんなからおそれられてしまった子どももいました。

しかし、夏頃になると、「いっしょ」を求めてかたまってくるようになりました。

滑り台で何人かがキャーキャーいいながらすべっているのを見ると、他の子どもたちも〝マッテ、イッショニスベル〟と集まってくる。友だちの〝マッテ～〟の言葉に、〝後ろに乗ってください〟〝間もなく出発しまーす〟と答え、団子状態になって滑り降りて笑い合います。散歩先で誰かが何かを発見すると、友だちの声にみんなが集まって、「これは何だろうね？」と頭を寄せ合ったりします。やっぱり〝いっしょが楽しい〟という姿が出てきているわけです。

この頃には、四月には乱暴で友だちにおそれられていた子どもも、乱暴がすっかり消えたわけではないけれど、友だちにぶつかった時には気づくことができたり、自然に「ごめんね」と言えるようにもなってきました。

〝いっしょが楽しい〟が育つまでには、さまざまな楽しい共通体験を積み重ねてきました。大谷さんの保育から学ぶことができるのは、それぞれの子どもの楽しさを保障しながら、「みんなであそぶと楽しい」という経験をつくりあげてきたことです。

ヒャッホー！
KOUTO

次に示すのは、『11ぴきのねこ　ふくろのなか』（こぐま社）を題材として、散歩先であそんだ九月の場面です。長くなりますが、保育者と子どもたちとのやりとりを再現するために、該当箇所を全文引用しましょう。

保育者　「よし、ねこたち今日はたいこばし公園までいくにゃー!!」
子どもたち「イクニャー!!」
たけしくん「ネー　ミテ　ナンカ　タテフダガ　アルヨ」
はるかちゃん「ネー　コッチニモ　ナンカ　アルー　チョット　キテー」
保育者　「はるかねこ、ちょっと待って。どれどれ、あっ、本当だ！　なんか書いてあるじゃん。えっと、や・ま・に・の・ぼ・る・な、山にのぼるなだって!!」
ゆうごくん「ノボッチャエ　ノボッチャエ」
たくみくん「ミテー、カンタンニ　ノボレタヨ」
保育者　「本当だ。でものぼるなって書いてあるのに大丈夫かな～?」
かのんちゃん「ウヒアハガ　クルカモ　シレンネ」
ゆきとくん「ダイジョウブダッテ。オレガ　マモッタルカラ」
保育者　「本当かな～　よーしじゃあ、のぼっちゃえー!」

はるかちゃん「ネェ　ハヤク　コッチ　キテゴランヨ。ユウナチャンモ　ミテ」
保育者　「あっ本当だ。ねこたち～、ここにもなんか書いてあるぞ」
たけしくん「ホントウダ」
保育者　「なんて書いてあるのかな～？　わかる？」
看板を見つけ、読んでみることをたけしくんは楽しんでいるので、どんなことをいうのか聞いてみました。
たけしくん「ウ～ン……ココヲ　トオルナ……？」
保育者　「本当だ、ここを通るなだって。みんなーたいへん、ここを通るなだって」
看板を見つけることよりも保育者が次はなんて言うのかな？ということが気になる、ゆうごくん、てるとくん、けんとくん、たくみくんは「ダイジョウブダッテ」といいながら通って楽しんでいました。
保育者の近くにいるゆきのちゃんや、あゆなちゃん、かのんちゃんは保育者が「だいじょうぶかなぁ～」とこわがっていると同じようにこわがり、「まあいっか」とやってはいけないことを保育者がやっていると同じように「ダイジョウブ」と言いながら後ろに続いてやっていました。
ゆきとくんは、ウヒアハがくるというスリルが楽しくてゆきとくん「ネエ、ナンカ　アッチノホウニ　ナンカ　イタミタイ！」
保育者　「ほんと？　気づかなかったけど、のんちゃんなんか見た？」
かのんちゃん「えー!?　みなかったよ」
保育者　「そうか……。のんちゃんはしらないんだよね……」
かのんちゃんなら「ナンカ　イタヨウナ　キガスル」と答えを返してくれると思い聞いてみたのですが、普通に答えが返ってきました。そこで、ゆうなちゃんならどうかと思い、声をかけてみることにしました。
保育者　「ねぇ、ゆうなちゃん、ゆきとくんがあっちの方でなんか見たって言ってるんだけど、ゆうなちゃん何かみた？」
ゆうなちゃん「アッ、シッテル。サッキ、アソコノ　キノトコロニイタヨ」
保育者　「ゆうなちゃんも見たんだ!!　ゆきとくん、ゆうなちゃんも見たって！　なんだろうね？」
ゆきとくん「ウヒアハジャナイノ？」
保育者　「ウヒアハ!?　つかまえに来たのかな？」
ゆきとくん「ネコタチヲ　ツカマエニ　キタンダッテ」
保育者　「そりゃ大変!!　みんな、ゆきとくんがなんか見たって。ウヒアハかもしれんよだって。わぁー!!　たいへん!!」

看板はどこ?　と探している子や「イイモンネ」とどんどん進んでいる子に聞こえるように声をかけ、後ろからウヒアハが追いかけてくるかのように保育者は逃げはじめました。すると、どの子も、「キャー!!」と言いながら楽しんで逃げていました。

（大谷由香里「あかかばぐみ一年のまとめ」、第二そだち保育園、二〇〇六年）

何気なく読み進めてしまう記録です。そして、子どもたちがみんなで「11ぴきのねこ」ごっこを楽しんでいるように見えます。しかし、よく読めば、一つのあそびに参加しているように見えても、それぞれの子どもの「楽しみどころ」が少しずつ違っているのがわかります。

たけしくんは、看板を見つけ、読んでみることを楽しむ。

ゆうごくん、てるとくん、けんとくん、たくみくんは、看板を見つけることよりも保育者が次に言うことを楽しみにしている。

ゆきのちゃん、あゆなちゃん、かのんちゃんは、少し臆病で、緊張感とホッとした安心感との行き来を楽しんでいる。

ゆきとくんはウヒアハが来るスリルを楽しんでいる。

共通のテーマであそんでいるけれど、子どもたちの行動は必ずしも十分にかみ合っているわけではありません。

三歳児になると、二歳児の時とは違って、子どもたちの気持ちや興味も関心も格段にふくらんできます。しかし、お互いの気持ちを正確に伝え合ったり、かみ合わせたりすることは、まだむずかしい時期です。子どもどうしのおしゃべりも活発になりますが、それぞれが自分の関心のあることを言って、相手の言うことの意味は十分には理解できていない。けれど、おしゃべりしていること自体が楽しいのが三歳児です。

あそびでも同じこと。一人ひとりの楽しみどころは違います。それぞれが違った楽しみ方であそんでいるけれど、なんとなくいっしょにあそんだ気持ちになって楽しい。保育者の配慮は、それぞれの子どもが自分らしい楽しさであそんだのだけれど、結果としては「みんなであそんだねー」という経験が子どもたちの心にしまわれていくように導くことだといえるでしょう。

三歳児クラスでは、年度後半になると子どもたちは「オレタチ」という「自分のいる集団」のことを誇り高く示す言葉を好んで使うようになります。保育者対子どもたちの鬼ごっこをして子どもたちが勝つと、「オレタチ、強いもんな！」と、自分たちを自慢します。仲間としてのまとまりを意識し、集団としての誇りを感じる姿は、二歳児とは明らかに違います。しかし、そこにいたる中間段階では、それぞれの思いを保育者が媒介しながら、やっぱり〝いっしょが楽しい〟という経験が子どもたちを結びつけていくのではないでしょうか。

友だちの中で、揺れる気持ちに安心感がうまれる——四歳児の実践から

三歳児期に所属集団を意識しはじめた子どもたちは、四歳児になると、友だちとのつながり方自体を意識するようになります。その結果、三歳までのように楽しさで導いても、簡単にはみんなの中へ入って来ることができなくなる子どもも出てきます。

若い保育者である石濱丈司さんと藤原朋子さんは、はじめて四歳児クラスを担当した時に、このような子どもの姿に出会いました。

二人は「保育者や友だちといっしょに生活すること、あそぶこと、活動することが楽しいと感じられる子どもたち」を保育目標のひとつに掲げ、年度当初からみんなであそぶ鬼ごっこを楽しもうとしました。三歳児クラスの時から保育者対子どもたちの鬼ごっこをあそんできたので、その楽しさをいっそう発展させようと考えたわけです。

ところが、鬼ごっこをはじめると、あそびに参加せず、見ているだけの子どもが何人か出てきてしまいました。

Mちゃんは他のあそびでもなかなかみんなの中に入っていけないのですが、鬼ごっこの時もわざわざ友だちのところに行き、「Mは今鬼ごっこやっていないんだからね」とていねいに説

明することさえありました。誘いたい保育者がダイレクトに「Mちゃんもやろっ」と手をつなごうとすると、首を振って断ります。保育者がまちがえたふりをしてMちゃんを追いかけると、「Mは今やっていないってば！」と怒られてしまい、「あ、ごめん、まちがえちゃった」と断念したりしました。

Mちゃんは友だちが鬼ごっこをしているところからは離れず、ずっと見ています。ですから、みんなといっしょにあそびたくないわけではないでしょう。勝敗のあるあそびで、つかまえられてみんなの中で負けてしまうおそれが、友だちの中に入ることをためらわせているようでした。

Kくんも鬼ごっこに参加しなくなった一人です。四月頃は勢いよく鬼ごっこに参加していたのですが、つかまえられることが増えてくると「Kちゃん疲れちゃった……」と輪から外れるようになって、五月にはMちゃんといっしょに外から鬼ごっこを見ていることが多くなりました。

KくんとMちゃんが鬼ごっこに参加するようになったのは、特別な「安全地帯」のルールを導入してからでした。そこに入っていればつかまらない安全地帯のルールをつくると、何人もの子どもが安全地帯に逃げ込んで出てこなくなってしまい、鬼ごっこが成立しなくなることがあります。そのために、「十数えたら出てくる」などのルールがつけ加えられることが多いのですが、このクラスではあえて「十数えてもずっと鬼が入れないところね」という特別な安全地帯にしました。すると、Kくんがあそびに参加するようになりました。安全地帯の中にいるだけではおもしろくないと思うのですが、Kくんは安全地帯の中で「こっちだよ～べろべろば～」と、大声を出して楽しんでいます。つかまえられるのはこわいけれど、やっぱりみんなの中にいることが楽しいようです。

Mちゃんは安全地帯を導入した初日は参加せず見ているだけでしたが、翌日また同じルールであそんでいると、「せんせい、これ昨日のやつ？」と質問して、つかまらない場所があることを確認すると「入れて！」と入ってきました。Mちゃんも安全地帯にずっといるのですが、Kくんと同じように鬼とのやりとりを楽しんでいました。

自分をふり返り、自分と友だちとの関係を自覚しはじめる四歳児は「勝った」「負けた」にこだわるようになるし、負けた時は自分がダメな子どもになったように感じてしまいます。みんなの中で「ダメな自分」を見せるわけにはいきません。だから以前のように天真爛漫にいっしょに楽しめなくなってしまいます。

人間関係を自覚するからこそいっそう友だちの中にいたい。しかし、自覚するから友だちとの関係が悪くなるのをおそれて人間関係に慎重になってしまう。矛盾する二つの気持ちの間の揺れ動きを強く感じるのが四歳児だといえるでしょう。勝負のあるあそびは、負ける可能性があるために、揺れる気持ちをいっそうかき立てます。

石濱・藤原実践では、「絶対につかまらない安全地帯」というルールを入れることによって、相反する四歳児の気持ちの「ひるみ」のほうを解決しました。それによって、〝いっしょが楽しい〟を子どもたちに保障しています。

絶対に負けないルールは、本来の鬼ごっこから逸脱したルールですから、子どもたちのつながりも本来のルールあそびでのつながりとは言えないかもしれません。しかし、友だちとの関係が深まり、「負けても誰もボクのことをダメな子だとは思わない」という友だちへの信頼感が育つまでの中間段階では、やはりこのような〝いっしょが楽しい〟経験が子どもたちに安心感を与え、失敗をおそれずに友だちの中で活動する経験を積ませて、協力してあそぶ後半期への橋渡しをしていくのだと考えられます。

石濱・藤原実践でも、後半期になるとやっぱり四歳児らしい友だち関係の深まりがあらわれました。

九月末には、友だちとの協力関係を示すおもしろいエピソードがあるので引用しましょう。保育者二人対子どもたちで綱引きをした場面です。それまでは保育者も手加減をしてわざと負けたりしていたのですが、そろそろ本当の闘いができると考えて、真剣勝負をしたところ、保育者チームが勝ってしまいました。そのあとの子どもたちのやりとりです。

「次は絶対勝ってやる」と怒っている子もいましたが、Rちゃん、Mちゃん、Kくんは悔しくて泣いていました。するとHくんが真剣なまなざしで「ゴメン、俺が腹筋しなかったから」といいはじめ、すると続くように数人の子が「俺もゴメン……朝ご飯食べてこなかったんだわ」と話していて思わず笑ってしまいました。〝集団のなかのひとりの自分〟というのを強く感じているのだなと感じた出来事でもありました。

（石濱・藤原「あそびを通して一人ひとりが認められる集団づくり」、めばえ保育園、二〇〇六年）

十二月。キムチ鍋チームと焼肉チームの二つのチームにわかれてリレーをやりました。担任二人も一人ずつわかれて入ります。真剣にリレーをした結果、Mちゃんのいるキムチ鍋チームが負けてしまいました。Mちゃんは、負けたと思った瞬間泣き出して怒ってしまいます。友だちは「もう一回やったら勝てるかもしれないよ」と慰めるのですが、Mちゃんは隅にあるベンチに座りにいってしまいました。すると、同じチームの子どもたちがタア〜ッとMちゃんに駆け寄っていきました。保育者が指示しないのに、チームのみんなでMちゃんを誘いに行ったのです。友だちに誘われてMちゃんは戻ってきます。そして、二回三回と、リレーの勝負が続いていきました。

春には、つかまると怒ってあそびがこわれてしまうので、ゆるやかなルールにして「とにかくみんなが楽しめるように」と配慮してきました。友だちとの楽しさを経験した子どもたちは、秋から冬になると、友だちの怒りを友だちどうしで慰め合い、みんなで話し合い協力してあそびを続けていけるように育っていったのです。

秋以降になると、その年齢らしい育ちを見せはじめます。しかし、四歳児でもやはり夏頃までは〝いっしょが楽しい〟経験が大切なのだということがわかります。

幼いあそびでも、みんなで楽しむあそびはやっぱり楽しい

——五歳児の実践から

五歳児の保育がめざす最終的な子どもたちの姿は、それぞれの意見を伝え合い、役割分担と協力関係を築いて、みんなでひとつのあそびや活動や作品をつくりあげ、集団的な達成感を感じられるようになることです。しかし、五歳児においてもまた、中間段階ではお互いの思いが伝わらない時期があり、そういう時でも「いっしょの楽しさ」を経験することが、その後の成長の道を拓いていきます。

上野真理子さんは、五歳児の一年間の実践を長編実践記録にまとめています（上野真理子・

神田英雄『五歳児のあそび』旬報社、一九九四年)。このクラスは、年度終盤では保育者を必要としないのかと思うほど、自分たちで相談をしてあそびや生活を築いていく頼もしい子どもたちに育っていきます。しかし七月頃までは、子どもたちの思いはやはりバラバラでした。

クラスには、月齢が低くて集団の中であまり発言しないあきらくんと、なんでもよくわかっているなつこちゃんがいました。あきらくんは鬼ごっこでつかまえられると「自分が逃げようとする前にタッチされた」と泣き、じゃんけんに勝っても「相手の子がすばやく逃げてしまい、タッチできなかった」と泣きます。自分の意に添わない時には激しい怒り泣きをしてあそびをこわしてしまうことも多いので、友だちからも批判的に見られていました。あきらくんが参加すると、集団でのあそびがこわれてしまうのも事実でした。

一方、なつこちゃんはまわりがよく見えていて、リーダー的に集団をひっぱっていく力を持っているのですが、他の子どもがなつこちゃんの理解力についていけないため、なつこちゃんが正当な理由で抗議をすると、「なつこはうるさい」と受け取られてしまいます。なつこちゃんは七月に、「なつこはだれからも愛されてない。みんななつこが嫌いなんだ」とおかあさんに訴えていました。

その他にも、せっかく植えた球根を何人かの子どもが掘り返してしまうなど、「五歳児なのにどうしてわからないの?」と思える事件がくり返されました。

担任の上野さんは、七月頃までクラスづくりに苦しみ、試行錯誤のくり返しでした。その結果たどりついたのは、とても単純なあそびでした。「どんどん投げゲーム」と称したあそびでは、二チームにわかれた子どもたちが、相手の陣地にボールを投げ返すというだけのあそびです。単純なあそびなのですが、このあそびが子どもたちには楽しかったのです。その他にも、「園内探検ゲーム」や「宝さがしゲーム」など、五歳児には幼いと思われるあそびをたくさん行なっていきました。

その結果、「いっしょにやりたい」という気持ちが子どもたちの中に生まれ、その気持ちを土台として、秋以降、集団活動がもりあがっていきます。なつこちゃんと他の子どもたちのギャップは、他の子どもたちが成長することによって埋まっていったし、あきらくんとのギャップも、あきらくん自身の成長と、あきらくんの個性を他の子どもが理解することによって、埋められていきました。それぞれの考えていることや感じていることにギャップはあるけれど、いっしょに楽しんだ経験をもつことによって、子どもたちに仲間意識が生まれ、仲間意識に支えられてお互いの個性を理解することができるようになりました。その原点は、みんなでいっしょに楽しんだ夏の経験だったわけです。

あそびの難易度と楽しさは、必ずしも一致しません。技能や知識の差があってもみんなが楽しめるあそびが存在します。五歳児においても、夏頃までは「みんなでやっておもしろかった！」という経験が、友だちとの関係づくりという点ではとりわけ重要なのではないかと考えられます。

「〜歳児らしさ」は、性急に求めなくてもよいのではないでしょうか。子どもたちがみんなといっしょに活動をはじめた時に、その年齢らしい育ちが必然的に発揮されていきます。その年齢らしさを性急に求めるのではなく、夏頃までは「みんなといっしょが楽しい」を大切にして、子どもたちが力を発揮できるための土壌を耕す時期なのではないかと考えます。

本章では夏頃までの子どもたちの仲間関係の育ちについて述べてきました。

子どもは〇歳から六歳へと発達していきますが、そのみちすじは直線的なものではありません。進級して保育室が変わり、新しい友だちが入ってきて、先生も代わった。新しいクラスには、新しいクラスの雰囲気があり、慣例があり、個性があります。それらに慣れるまで、子どもたちは前年度の三月にふるまっていたのと同じようにのびのびと屈託なくふるまうことができません。子ども自身の成長も、自分と友だちの新しい姿を意識させ、ひるんだり防衛的になったりする一要因となります。

ですから、どの年齢をとっても、春から夏にかけての時期は、不安から安心にたどりつく時期であり、友だちの中で安定して自分を発揮できるようになるまでの時期であると考えられます。

保育者はともすると少しでも高度な経験を子どもたちに保障したくなります。しかし、仲間関係の高度なつながりを急ぎすぎないこと、夏頃まではゆとりを持って、すべての子どもに〝いっしょが楽しい〟を保障すること。それが、年度当初の保育の重さを克服し、秋以降の大きな飛躍を生み出していくための中間的な通過点なのではないでしょうか。

第3章

トラブルを越えた先に育つもの

本章では、保育の苦しい側面であるトラブルの問題を考えてみます。

ケンカなど、子どもたちのトラブルは集団生活をする保育の中では避けては通れない問題です。「トラブルを通して人とのかかわり方を習得していく」と言われますが、実際には簡単ではありません。

トラブルのすべての局面を述べることはできないので、第1節では乳児のトラブルの典型として、一歳児のかみつきについて考えてみます。第2節では幼児期のトラブルとして、子どもたちのいわゆる「荒れ」の問題をとりあげます。

トラブルの解決は簡単ではないけれど、トラブルの中に子どもの真意を汲みとり、子どもたちがもうひとまわり成長するように解決していきたい。そんな願いを持って、トラブルの問題を考えてみましょう。

1　一歳児のかみつきをどう考える？

一歳児にかみつきが生じやすい発達的な理由

一歳児クラスから二歳児クラスの前半にかけては、かみつきやひっかき、髪をひっぱるなどのトラブルが多い時期です。これらのトラブルは痛く苦しいだけではなくて、歯形が残ったり顔に傷が残ったりするので、一歳児を担当した保育者のいちばん大きな悩みどころなのではないでしょうか。

どうしてこの時期にかみつきやひっかきが出やすいのでしょうか。

かみつき（以後、友だちへの身体的な攻撃行動を「かみつき」という言葉で代表させます）は物の奪い合いで生じることが多いものです。しかし、物の奪い合いがすぐにかみつきを引き起こすわけではありません。事物をなかだちとした友だちとのかかわりは、〇歳六～七ヵ月頃から見られはじめます。しかし、この頃は、友だちよりも、友だちの持っている事物に強い関心があるようです。相手をあまり意識しないから悪気なく奪ってしまうし、奪われた子も相手に怒るのではなく、おもちゃがなくなってしまったので泣くようです。取り返そうとする時も、相手をやっつけて取り返すのではなく、あくまでもおもちゃをつかんでひっぱろうとします。したがって、身体に対する攻撃＝かみつきなどは生じません。

このようなやりとりは一歳すぎまで続きますが、平行して、〇歳末からは同じ行動を介して友だちと共感する姿が見られるようになります。ひとりがテーブルをたたくと、隣の子もテーブルをたたきはじめます。ひとりがハイハイで動きまわると、もうひとりがいっしょになって、ニコニコしながらハイハイをしはじめます。それぞれができるようになった行動をもちよって共感するのがこの時期です。

同じ行動で共感してきた子どもたちは、一歳前後から、友だちに向けた行動をはじめます。二～三人の子どもがカーテンをはさんで、イナイイナイバアをしたり、友だちの頭をなで「いいこ、いいこ」をしたり、部屋へ入ってきた友だちに抱きついたりします。

このような「友だちに向けた行動」のなかから、一歳後半には友だちを理解して共感する喜びが生まれてきます。

食事をだらだら取っている子どもに「ほら、○○ちゃんはもう食べちゃったよ」と言葉をかけると、自分も負けるものかと一生懸命食べようとします。似た行動をする相手としての共感だけではなくて、人間としての友だち理解が成立しています。一歳後半からは、友だちとの共感関係がとても楽しくなる時期です。

かみつきが出るのは、ちょうどこの頃からです。友だち理解が深まりはじめる頃に、なぜ、かみつきが起こるのでしょうか。私は次のように考えています。

①友だちのものを欲しくなる理由が生まれる

友だちを自分と同じような存在だと理解するので、「友だちがおもしろそうに使っているおもちゃは自分にとってもきっとおもしろい」と感じるようになります。同じおもちゃが別にあってもダメで、相手が使っているそのおもちゃが欲しいわけです。その結果友だちの使っている物を取るので、奪い、奪われるというトラブルが出やすくなります。

②身体攻撃の意味が理解される

自分と同じような存在として友だちを理解できるようになったため、「痛い目にあわせれば奪うことができる」という身体攻撃の意味がわかりはじめます。もっと大きくなればたたくなどの行動も出ますが、一、二歳児期は身体能力が発達していないので、相手をつかまえてからって攻撃する必要があります。そのために、相手をつかんでからかみつく、ひっかく、髪の毛を持ってひっぱるなどの形で、攻撃行動が発動されるようです。

③自分の領域が侵されることに過敏になっている

自我が芽ばえた子どもたちは、自分がないがしろにされたり、自分の領域が侵されることにきわめて敏感です。「貸して」と頼まれても絶対に「イヤ！」と断るのは、「貸すこと＝自分の領域が侵されること」と感じるからです。ですから譲り合う関係が成立しにくく、結果的に力づくの関係が生じやすくなります。

④友だちとのかかわりを手さぐりする

友だちに関心を向けることはできても、どうすれば友だちが喜んでくれるのかは十分にはわかりません。だから、慰めるつもりで髪の毛をひっぱるなどの行動が出ることがあり、それが結果的に攻撃行動のように見えることがあります。友だちがまちがえたことをした時、「ダメだよ」と教えようとする一種の正義感が、その子を攻撃する形で表現されることもあります。これらの場合は悪意はないので、「いいこいいこしようね」と友だちの頭をなでる見本を保育者が示したりして、かかわり方を教えることによって、問題が大きくならずに解決していきます。

⑤言語発達が未成熟である

嫌な思いや友だちへの要求を言葉で表現できないことも、「力づく」になりやすい要因です。その他の領域の発達に比べて言葉が遅い時にかみつきがでやすくなることもあります。

このように、一～二歳児期は、自我と友だち理解とが成立してくるので、かみつきの生じやすい発達状況にあると考えられます。しかし、だからといってかみつきは発達によって必然的に出るわけでもありません。同じ発達状況にある子どもが全員かみつくわけではないのですから。子どもの発達はかみつきの可能性をつくり出しますが、かみつきが生じるためには、さらにプラスアルファの要因があるはずです。それは何でしょうか。

かみつきを生じやすくする素地

「ガブしたい～」と言いながら、関係ない友だちにかみついた子どもがいました。子どもの中にたまっている何らかのイラダチやイライラが、友だちへの攻撃行動になったように見受けられました。また、ある二歳児が特定の友だちにばかり激しくかみつくので、落ち着いてから理由を尋ねたところ「その子がうるさいから」と答えたこともありました。泣き声や大声などで保育室が騒然としていたり、子どもたちの動きが激しすぎて落ち着いた雰囲気がない時には、イライラが高まりかみつきなどのトラブルを多くさせてしまうようです。

日課の変わり目にかみつきが多いことも、よく指摘されることです。一歳児は自分であそびを見つける力がまだ不十分なので、保育者があそびの相手をしてくれなかったり、ある活動が終わって次の活動に移る「時間の隙間」などには、気持ちを向ける目標を失って、気分的にふらふらした状態になります。その時に、友だちにちょっかいを出してトラブルが起こりやすいわけです。戸外へ出ると関心を引くものがたくさんあるので、トラブルは室内にいる時よりも減少します。

極端な例で、「やられたらやり返しなさい」と教えられた二歳児が激しいかみつきをくり返すようになってしまったことがありました。友だちと袖が触れ合っただけでもかみつきます。「やられたらやり返しなさい」という教えは、「自分一人で処理しなさい。大人は手助けしません」というのと同じ意味です。自己領域を守るために大人に頼ることができないと思いこんだ子どもは、自己領域を自分一人で守ろうとしていつも防衛線を張り、険しい表情で生活していたわけです。

これらはすべて、発達とは別に、かみつきを生じやすくさせる素地が存在することを示しています。

もう一つ考えておかなければならないことがあります。イライラなどがあったとしても、それをかみつきで表現する必然性はないということです。泣くことで表現しても、ダダコネで表現しても、すねて保育室を飛び出していってもよいのですから。

体系的な調査をしていないので断定はできないのですが、かみつかれることの多かった子どもは、数ヵ月後にはかみつくことが多くなるように思われます。また、かみつきがいったん生じると、ブームのようになってクラスの中にかみつきが蔓延することもあります。次のようには考えられないでしょうか。かみつきは子どもによって学習されてしまうのだ、と。かみつかれたり、友だちどうしがかみついているのを見ると、イライラや欲求不満などの「思い」が、かみつきという「行動」に結びつきやすくなってしまうということです。

子どもの「思い」と「行動」とは一対一では対応していません。同じ「思い」を、ある子どもは泣く行動で表現し、別の子どもはかみつく行動で表現します。「嫌な思い」が「かみつき」に結びついてしまわないように、マイナスの学習をしてしまわないような配慮が必要だといえるでしょう。

心地よい生活を保障する——かみつきを未然に防ぐために①

かみつきは学習され、いったんかみつきが起こるとクラスの中にブームのように広がってしまうことがある、と述べました。だとすれば、かみつきへの対応としてもっとも重要なことは、かみつきを未然に防ぐこと、子どもたちがかみつきを学習してしまわないようにすることだ、ということになります。では、どうすればかみつきの起こりにくいクラスになるのでしょうか。

前項で、「かみつきが生じやすくなる素地」について述べました。子どもにイライラがたまったり、保育室がうるさすぎたりすると、子どもの興奮レベルが高まって、ちょっとしたことでトラブルが生じやすくなります。日課がスムーズに進まないと、目的意識性を失った子どもがトラブルを起こしやすくなります。甘えることができない緊張感の中で、防衛線を張りめぐらせていることもあります。ですから、これらの素地をなくし、心地よい生活をつくってイライラがないようにしていくことや、日課をスムーズに進めていくこと、甘えることも含めて伝わり合う経験をたくさん保障することなどが、かみつきの生じる素地を少なくするうえで大切だと思われます。

名古屋・たんぽぽ保育園の伊藤洋子さんは、次のような事例を報告しています。

お昼寝前に、ゆうとくん（一歳六ヵ月）の持っていた自動車を、もえちゃん（一歳五ヵ月）が奪ってしまいました。その時、ゆうとくんは今までのようにビェーンと泣くのではなく、「ドーチャ、ドーチャ」と手を出して要求しています。保育者が「もえちゃん、布団の上にもう一台自動車あるよ。ゆうとくんは自動車ほしいっていってるよ」と声をかけると、もえちゃんは、布団の上の自動車を見つけました。そして、手に持っていた自動車をゆうとくんに返し、自分も布団の上の自動車を手にしてニッコリ。ゆうとくんもニッコリ笑いました。

ケンカになったり、かみつきがでてもおかしくない場面です。

なぜ、もえちゃんは、おもちゃを返すことができたのでしょうか。

ゆうとくんが泣かなかったことと、保育者がもえちゃんを叱責しなかったことがよかったのではないかと考えられます。

ゆうとくんが激しく泣き、保育者がもえちゃんを叱責したならば、ふたりとも興奮して、強情が強く出て気持ちの切り替えができなくなったでしょう。トラブルがあっても、少なくとも一方が落ち着いていることが、気持ちの切り替えには大切ではないかと思われます。

では、なぜ、ゆうとくんは、泣かないで言葉で要求できたのでしょうか。

実践者は、それまで気持ちのよい生活ができるように、最大限の配慮をして保育をつくってきていました。食べたい、寝たいなどの生理的な要求は待ったなしの要求なので、すぐに応えることを基本にしました。クラスの友だちがいつも笑い合って生活できるように、イナイイナイバアなどの、友だちと笑い合うあそびもたくさん経験し、友だちをあそびに誘う姿もいっぱい見られるようになっていました。たまにケンカが起こっても、さっと気持ちを切り替えて、嫌な気持ちを長引かせないようにしてきました。

そのような「心地よい生活」の積み重ねが、トラブルがあってもすぐに興奮状態にならず、言葉で要求できる力を一歳半にして育てていたのだと考えられます。

気持ちのよい生活を保障することによって、トラブルの起こりにくいクラスの雰囲気ができ、トラブルが未然に防がれた一例だと考えられます。

トラブルを楽しさに切り替える——かみつきを未然に防ぐために②

自分の気持ちを言葉で表現できない乳児に対して、保育者がその子の気持ちを代弁することが大切だと言われます。しかし、状況に応じて代弁ではないかかかわりが必要になることもあります。

愛知・こぐま保育園の水野牧美さんが実践を通して重要な提案をしているので、長くなりますが実践記録を引用させていただきます。一歳児クラス十月のエピソードです。

さゆりちゃんが誰かのタオルケットを引きずって歩き出しました。それをりょうたくんがひっぱったため、「ワアーッ」と泣き出し、パニックになりそうになったさゆりちゃん。

さゆりちゃんの気持ちを代弁して、「これさゆちゃんがあそんでたもんね」「りょうちゃん、これさゆちゃんが持ってたから……」と言おうとしてやめました。そして「いいものみつけたひっぱりっこ、さゆちゃんとりょうちゃんがひっぱりっこーぐいぐいぐいぐいピッピッピッ」と歌いました。

すると、二人が互いの顔を見合ってにこっと笑ったかと思うと、歌のリズムに合わせてひっぱりっこをはじめたのです。

それを見て他の子も〝わたしも〟と集まってきて、それぞれ二、三人ずつタオルケットを手にまわりはじめました。

何度か歩くうち、他の子といっしょに「でんしゃやる?」とさゆりちゃんに促すと、「りょうたくんがいい」と要求を表現しました。

今回、さゆりちゃんがすぐパニックにならず、保育者に救いのまなざしを向けたのは、今まで何かあった時自分を守ってくれたという期待があったからだと思います。あてにされる信頼関係ができていることはうれしかったのですが、パニックにならないように、先まわりしてさゆりちゃんをかばっていたことが、かえって友だちとのかかわりから遠ざけていた気がしました。今までの「〜ちゃんがさわって嫌だったよね」などという言葉は、さゆりちゃんに被害者意識を感じさせてしまっていたかもしれません。

今回のように、ひっぱり合ってパニックになりそうだった時、「いいものみつけたひっぱりっこ」と楽しいあそびにかえていったように、「〜ちゃんが嫌なことしたね」「やられて嫌だったね」という気持ちになる対応ではなく、かかわりを楽しいものにつなげていける援助ができるように工夫していけるとよいと思いました。

さゆりちゃんがりょうたくんとだけはくり返し楽しもうとしたのは、笑顔をかわした時に、りょうたくんへの安心感や信頼感のようなものを感じたからではないだろうかと思います。

（水野牧美「友だちとのかかわりの〝はじめの一歩〟」『現代と保育』第六一号、二〇〇五年）


保育者が子どもの気持ちを汲んで代弁することは、思いがまだ明確になっていない乳児が自分の気持ちを自覚するために大切であるし、何よりも「わかってもらえた」という安心感を与えるうえで重要です。

しかし、気持ちの代弁は、必ずしも万能ではありません。

子どもが何に怒っているのか、どうしてほしかったのか、保育者に把握できない時がありま す。その時、「〇〇だったの？　△△だったの？」と気持ちを汲もうとすると、子どもは「そうじゃないんだわ！　わかっていない」という思いを強くして、崩れが深みにはまっていきます。

また、一歳児は自分自身でも思いが明確になっていないことが多いので、「〇〇したかったの？」と尋ねても、答えが存在しないこともあります。そういう時、子どもの思いを尊重しようと何度も聞き直すと、嫌な気持ちを長引かせる結果となってしまいます。

思いを汲むことは言うまでもなく大切ですが、思いを汲むだけの対応では、保育が暗くなってしまう。子どもたちの気持ちを楽しく明るくしていく働きかけもまた必要だということです。水野さんは別の場面ではたくさん子どもの気持ちを代弁してきました。しかし、引用した場面では、代弁するよりも楽しく切り替えたほうが意味があると判断されたわけです。

場合によって、子どもの言い分に拘泥せず、楽しいあそびをつくりだし、楽しさの中で解決をはかること。それは気持ちを汲むことと並んで、とても大切なことなのではないでしょうか。

問題は、楽しさに切り替える働きかけを、その場でとっさに思いつかなければならないということです。一発触発の時に「いいものみつけたひっぱりっこ」と言葉をかけた水野さんの発想は、どこからわいてきたのでしょうか。私は保育者ではないけれど、自分にはこのような対応はできないなあ、やっぱり保育者のセンスなのかなあ、と思ってしまうこともあります。基本は、「子どもたちをいつも楽しくさせたい」と思っているかどうかなのかもしれません。そう思って保育をしていると、いつのまにか、とっさの時に楽しく切り替える発想が浮かんでくるようになるのではないでしょうか。

友だちに気づくゆとりが育ち、かみつきを卒業する

かみつきは強烈な攻撃行動なので、保育者の目は「かみついた」という行動に吸い寄せられてしまいます。そして、かみつきやひっかきが強烈な行動である分だけ、保育者の対応のトーンも強烈になりがちです。強い行動には厳しく対応してしまう……。でも、それでよいのでしょうか。

前項に引き続き、水野実践から学んでいきましょう。

水野さんは、以前一歳児を担当した時のことを、次のように反省しています。

手を出したりかみつきが激しい子に対して、「もう！　なんでこんなひどいことするの」と責める気持ちが強く、叱ってこわい顔ばかり向けていました。きっとその子自身、自分を否定されてばかりでますますイライラして悪循環になっていたのだと思います。

子どもが興奮している時、保育者が強く反応すると子どもの興奮がエスカレートしてイライ

ラ感が高まり、自分の行動に気づくゆとりを奪ってしまう可能性があります。

右に述べたような反省をした水野さんは、かみつく子どもの気持ちにも目を向け、おだやかに対応してその子の興奮を鎮め、冷静に状況が意識されるように対応を変えていきました。

かなえちゃんの時は、次のようでした。

かなえちゃんとひろしくんはなぜかくっついていることが多く、よく二人でダンボールの家の中でねっころがったり追いかけ合ったりしています。そんな時不意に、かなえちゃんがひろしくんの顔をひっかくことが多く、ひろしくんの顔はみるみる傷だらけになります。ひろしくんの親からは、傷が毎日のようにあるという苦情が寄せられました。

水野さんは、かなえちゃんのひっかきの裏側にはひろしくんとあそびたい要求がある、と解釈しました。そして、次のように対応していきます。

かなえちゃんがパッとひろしくんをみた時、「ひろくんだよ」と声をかけると、「ひろ……」というようにかなえちゃんが笑顔でひろしくんの顔をのぞきこみ、またひろしくんも「ナニ?」というようにかなえちゃんの顔を見ることに気づきました。

二人が少し離れていても、かなえちゃんはひろしくんにパッととびかかろうとすることもあるのですが、そんな時も、「かなちゃん、ひろくんだよ」と声をかけると、ふっと落ち着いた表情になって相手の顔を見ることができます。

毎回うまくいくとはかぎらなかったのですが、ひっかいてしまった時も、「かなちゃん、ひろくんとあそびたかったの」と声をかけると、ウンウンとうなずき、「ひっかいたら痛いからね。ひろくん、っていってごらん」というと、かなえちゃんが心配そうにひろしくんの顔をのぞきこみます。べそをかいていたひろしくんも、かなえちゃんが自分とあそびたかったという気持ちが保育者の言葉で伝わったからか、穏やかな表情をかなえちゃんに向けました。

かなえちゃんは今までひっかいては叱られ、「だめよ！」といわれ、他児からも「メッよ！イヤ！」とこわい顔を向けられてきたような気がします。まわりの反応が否定的ではない方向に変わってきたあとでは、ひっかく前に保育者の顔を見たり、ひっかいた後、ハッとして相手の顔をのぞきこみ〝いいこいいこ〟と頭をなでようとする姿も出てきました。

かなえちゃんから目を離さず、かなえちゃんが友だちに視線を向けた時、すかさず「○○ちゃんだよ」と相手の子の名前を呼ぶようにしました。すると、かなえちゃんの手が止まり、相手の子の顔をのぞきこみます。「かなちゃん、○○ちゃんとやりたいの」というと、相手もまた、かなえちゃんを意識して互いににこやかな表情になれるので〝いっしょいっしょいいねえ〟といい関係にもっていくことができました。

（水野牧美、既出）

ひっかいたら相手が反応してくれるのがおもしろい。ひっかくという行動が、いつのまにかかなえちゃんの行動レパートリーに入っていたのかもしれません。ひろしくんをひっかこうとした時、「ひっかこうとしている相手は、お友だちのひろしくんだ」という意識がかなえちゃんにはあるのでしょうか。ひっかくという、やや攻撃的なおもしろさは興奮性を高めますから、ひっかきに意識が向いている時には相手がお友だちだということを忘れてしまっている可能性があります。その時「ダメよ！」と周囲が強く反応すると、火に油を注ぐように、興奮をさらに高めてしまいます。

水野さんの「ひろくんだよ」という落ち着いた言葉は、かなえちゃんの意識を現実に戻しました。「ひろ……」と言いながら相手の顔をのぞき込んだ時には「いつもあそんでいるひろしくんだった」という理解が戻ってきて、いっしょにあそぶ関係に立ち戻っていくことができました。

だいすけくんの場合は、かなえちゃんの時と違います。

だいすけくんが運転手のつもりになってすべり台の中に入っているところへ他の子が入り込んできたりする時など、押したりかみついたりがひんぱんにでてくるようになりました。今まで「そろそろ、お布団しくからお片づけしようか」と声をかけると、さっさとブロックを片づけはじめていたのに、この頃から「イヤ！」と反発するようにもなってきました。これは、だいすけくんに自我が芽ばえてきた現れだと理解できます。かなえちゃんの場合は友だちとかかわりたい要求からひっかきができましたが、自我が芽ばえただいすけくんは、自分の領域を守るために、自分のあそんでいる領域へ入ってくる他児にかみつくのでしょう。

水野さんは、だいすけくんの気持ちを汲んで代弁しながら、近くへ来たのはお友だちの「○○くんだよ」ということを穏やかに知らせていきます。

だいすけくんがあそんでいるからといって他の子を遠ざけたり、「○○ちゃんもいれてあげてね」と他の子を受け入れさせようとしたりと保育者の意図を押しつけることはせず、お互いの思いだけは代弁しようと思いました。だいすけくんには「だいちゃん、ここ入ったらだめだったの？　そっか。でもガブはしたら嫌よ。○○ちゃん、っていってあげてね」、相手の子にも、「だいちゃんとやりたかったの？　だいちゃん、いれてっていおうか」と。

すると、うまくは言えないものの、二人がお互いの顔をのぞきこんで、お互い相手の名前を一生懸命言おうとします。その時は、なにがなんでも「ダメーッ！」という激しさはおさまり、相手に「ねえねえ」と誘いかけるような表情になっていたのでした。

今まで、「～したら嫌だったよね」とか「いれてほしかったんだよね。いれて！」と相手の子どもに他児の気持ちを伝えるという意味で、それぞれの気持ちを半ば押しつけるように代弁していました。ところが、「○○ちゃん、っていってごらん」と偶然言ったことで、二人の表情がふっとやわらぐのに気づきました。

その後、りょうたくんやゆきなちゃんなど他の子どもたちも他児に手が出ることがあっても、「○○ちゃん、だよ」と声をかけると、手を離し、相手の顔を見ようとするようになりました。

（水野牧美、既出）

かみつくその瞬間、だいすけくんには、相手は友だちではなくて単なる「邪魔者」と見えたのでしょう。だから、「○○ちゃん、っていってあげてね」と言われて相手の名前を言葉にできた時、だいすけくんの意識に「友だち」が戻り、「ダメーッ！」という激しさが収まって誘いかける表情に変わっていったのだと考えられます。

邪魔をした相手にかみつく行為は、形のうえでは友だちへの抗議のように見えますが、子どもの意識は友だちに向けられているのではなく、自分の領域が侵されることへの防衛に向けられています。違いは微妙ですが、対応は大きく違ってきます。「抗議」としてとらえるならば、その子の正当性も認め、調停を図る必要があります。「防衛」ととらえるならば、「相手が見えていないかもしれない」と考えて、友だちに気づかせることによって心にゆとりを持たせるようにかかわることになります。また、一人ひとりが自分に自信を持った時には、自己領域への多少の侵犯くらいは許せるようになっていきます。一歳児のかみつきは相手への攻撃ですが、じつは、自分にこだわっている姿なのかもしれません。

水野実践が教えてくれたことは、ふたつあります。

ひとつは、かみつきは強烈な行為だけれど、保育者が穏やかに対応することによって、興奮を鎮めることができること。

もうひとつは、友だちに気づいた時、子どもの表情が穏やかになることです。そして、一歳児にとっては友だちの名前を呼ぶことが、友だちに気づくための手がかりになりうるということです。

水野実践では、子どもや保育者がお互いの姿がよく見えるように、小グループにわけて保育していました。また、どの子も友だちとつながれるように、一人ひとりの状況に即して、みんなとのあそびに誘い込んでいきました。つながりのある楽しさをつくることをベースにしながら、一発触発の時にも、穏やかに友だちに気づくように導いて、トラブルを卒業させていったのが水野実践でした。

私は水野さんに「このような働きかけでトラブルはなくなった?」と尋ねてみました。答えは「ノー」でした。トラブルをゼロにすることはできないと言うことです。しかし、「それぞれの子どもが、トラブルを起こしやすい時期をのりこえていく期間が短くなったように思う」

ということでした。ていねいな働きかけによって、子どもの「思い」は適切な「行動」＝適切な表現手段を獲得し、「卒業」という名前にふさわしい形でトラブルをのりこえていったのではないでしょうか。

かみつきをのりこえた時に子どもたちが得ていくもの。それは、自分へのゆとりといつも友だちの存在に気づくことのできる力なのかもしれません。

2 子どもの気持ちと保育者のかかわりとのズレが引き起こすもの

――「自分の意見」を持ちはじめる四、五歳児期に

子どもの気持ちと保育者のかかわりのズレとは？

子どもの気持ちと保育者の対応がズレてしまった時、子どもの「荒れ」が発生することがあります。この問題をとりあげるに先だって、ズレとはどのようなことなのかを、保育者と高機能広汎性発達障害の子どもとのかかわりを例にあげて考えてみましょう。

四歳児を担任しているBさんのクラスには、高機能自閉症のAくんがいました。彼は太鼓橋に挑戦して、ある日、とうとう最後まで渡りきることができました。うれしそうな表情を見て、Bさんはなんども楽しませたいと思ったのですが、Aくんは二回渡りきるとやめてしまいます。

Bさんが「もっとやろう」と誘うと「三回やると風邪をひきます」と言って拒否します。「太鼓橋をしても風邪ひかないよ」と説得してもまったく聞く耳を持ちませんでした。

「三回やると風邪をひきます」という言葉の真意はわかりません。以前、三回目に落ちてしまった経験があったのかもしれません。落ちたこと＝嫌なこと、風邪をひくこと＝嫌なこと、というつながりがあって、「風邪」という言葉が出てきたのかもしれません。これまでの経験が「三回目には失敗する」という強固な固定観念をつくってしまい、かたくなに二回でやめてしまうのではないかと推測されます。

「三回やると失敗する」と言ってくれればわかりやすいのですが、Aくんは「風邪をひく」という独特の言い方をするので、保育者は「風邪をひかないよ」と、言葉の表面に反応してしまいがちです。その時、子どもの真意と保育者のかかわりとの間にズレが生じます。

Aくんの場合は、言葉の使い方だけではなく、独特の強固な思いこみもあったように考えられます。

ご自身がアスペルガー障害をお持ちのニキ・リンコさんは、自閉的な子どもたちは少ない手持ちの材料から「俺ルール」を導き出す傾向がある、と指摘しています。たとえば、夕食で鍋物をしている時に「(熱いから)鍋を触ってはいけない」と言われた子どもは、「鍋を触るのは悪い子だ」という「俺ルール」を強固につくってしまい、それを律儀に守ろうとするので、食事が終わって片づけをしているおとうさんに「鍋を持ってきてくれ」と頼まれると、「私は鍋を触りません」と拒否をしてしまう。その結果、本人は誠実に約束を守っているのに、周囲からは反抗されているように誤解されてしまうということです。（岡野高明／ニキ・リンコ著『教えて私の「脳みそ」のかたち』花風社、二〇〇二年）

Aくんの「太鼓橋を三回渡ると風邪をひく」という固定観念も、ニキさんの言う「俺ルール」だったのかもしれません。だとしたら、真っ向から「風邪をひかないよ」と説得しても、本人にしてみれば、「雨は地面からは降らない」という自然のルールと同じように感じていることが反駁されたわけですから、納得できなかったことでしょう。

Aくんにたいして、Bさんは言い方を変えてみました。

「太鼓橋、五回やると風邪をひきません。」

すると、Aくんは「はい」と言って、何度も渡って楽しめるようになったそうです。

「太鼓橋、五回やると風邪をひきません」というBさんのとっさの言葉かけは、袋小路に陥る押し問答を回避して、結果的には何度も太鼓橋を楽しめる自由を子どもにもたらしました。

Bさんは、「どうして、太鼓橋が大好きになったのかわからなかった」と述懐していました。実践討議の場では右のようなことが話し合われ、無意識でかけた言葉の意味を再確認して、その子の変化がどうしてもたらされたのかを、あとから確かめることができました。

高機能自閉症の子どもを担任しているCさんにも、同じような経験があります。五歳児のKくんは、服がちょっと濡れただけでもパニックになってしまう子どもでした。パニックになると、泣き叫び保育室の壁と壁の間をドンドンとぶつかりながら往復することが止まりません。

Kくんにも独特の言葉づかいがありました。おやつのおかわりがほしい時、「おかわりくださいい」と言わないで、「おやつが全部なくなったらどうしますか?」と質問型で要求します。「給食室からもらってくるよ」と正直に答えると、パニックになってしまいます。Kくんの言葉も表面的な言葉づかい(「おやつが全部なくなったらどうしますか?」)と、真意(「おかわりがほしい」)とがズレているわけです。ですから、保育者が表面的な言葉のほうに応えてしまうとパニックになってしまうのでした。「おやつが全部なくなったらどうしますか?」に「おかわりはあるから安心して食べてね」と答えるならば、Kくんは「はい」と言って、うれしそうにおやつを食べるのでした。すべてのパニックがなくなったわけではありませんが、真意に応えることによって、パニックを未然に防ぐこともできるようになっていきました。

ちょっと服が濡れてパニックになった時も、「大丈夫、ちょっとしか濡れていないよ」と言うのではパニックが収まりません。「着替えたら大丈夫」「フーフー吹くと乾きます」と対応すれば、パニックは収まるのでした。この場合も、「ほんのちょっとの水がついただけでも、服が濡れるというのはとんでもないことなんだ」という本人の気持ちに応えることが、パニックからの脱出をもたらしたわけです。

子どもの発した言葉にきちんと対応したつもりでも、子どもの言葉が子どもの真意とは違っている時、結果的に保育者のかかわりと子どもの気持ちとの間にはズレが生じてしまいます。「ズレ」とは、このようなことです。高機能広汎性発達障害がある場合には独特の言葉づかいをすることがあるので、ズレを見つけやすいとも言えます。しかし、障害のあるなしにかかわらず、同じことはすべての子どもについてあてはまります。そして、子どもの気持ちと保育者のかかわりのズレが積み重なってしまった場合、それは意外に重大な結果を引き起こすことがあります。

四歳児から五歳児への判断力の育ち

保育者のかかわりが子どもの真意とズレた時、一、二歳児でもダダコネがもつれるなどトラブルが長引くことがありますが、四歳児から五歳児にかけての成長は、ズレに対する子どもの反発をより大きくさせ、大きな問題をひきおこしてしまうことがあります。次項ではズレによるトラブルの例をとりあげますが、その前に四歳児から五歳児にかけての発達について、軽くふれておきましょう。

四歳児から五歳児への成長の中心部分は、判断力が育ってくることだと私は考えています。三歳児は「じょうずだね」とほめられれば、それだけで有頂天になることができました。四歳児になると、自分で思い当たって納得できなければ、ほめられたことによって逆に、「ホントはじょうずじゃないんだけど……」と後ろめたさを感じるようになります。

上手かそうでないか、ほめられるに値する自分なのかそうではないのか。判断する力がついてくるので、四歳児は自分をふり返りはじめます。

四歳児から五歳児への判断力の成長は、ふたつの側面からとらえることができます。

ひとつの側面は、判断基準がきめこまやかに整備されてくることです。

私たち大人は、絵の評価を例にとるならば、「色づかいがおもしろい」「一生懸命描いたことがわかる」「紙面いっぱいに描いたところがいいよね」などと、多様できめ細やかな判断基準をもっています。しかし、四歳児の判断基準はまだ成立したばかりで未熟です。そのために、ものごとを両極端の二つの観点から判断してしまうように思われます。上手でなければ下手、強くなければ弱い、というように。四歳児は軽くぶつかって友だちを転ばせてしまった時、「ごめんね」と謝れば済むのに、なかなか謝ることができません。「謝る」とは非を認めること、非を認めるとは自分が「悪い子」になってしまうことだからです。「ちょっとだけ悪い」と「とても悪い」の間の中間がないために、不自由な思いをしてしまいます。

五歳児の後半になると、中間の認識や多様な認識が成立してきます。「○○ちゃんはこわいけれど、やさしい時もあった」というような柔軟性を獲得して、ゆとりのある判断ができるようになります。

判断力の成長のもうひとつの側面は、大人が正しいと言うから正しいと思うのではなく、根拠をあげて自分の判断に自信を持つようになることです。四歳児の頃は、自分では上手にできたと思っても、大人に「あ〜、だめだね」と言われるとすっかり自信を失ってしまいます。自分の判断よりも大人の判断のほうを優先させてしまうわけです。しかし、五歳児になると、大人に言われても「だって○○だから」と根拠をあげて、自分の意見の正当性を主張できるようになります。「判断する主体として育っていく」と言えるでしょう。

四歳児クラスに、保育者の提案に真っ先に反応して、保育者が「今日は○○をしようか」と言えば「やりたーい」と言ってくれるAちゃんがいました。Aちゃんがいてくれるおかげでクラスの活動はスムーズに進みました。ところが、五歳児に進級してしばらく経つと、Aちゃんは正反対の行動をとるようになりました。「今日は○○をします」と保育者が提案すると、ことごとく「え〜っ、やだ。やりたくない」と、みんなの気持ちをなえさせてしまう発言をくり返します。クラス替えもなく、担任保育者も持ち上がりなので、どうしてAちゃんが変わってしまったのか、しばらくはわかりませんでした。しかし、おかあさんから事情を聞いて謎が解けました。五歳児になったある日、Aちゃんはおかあさんにこう言ったそうです。「先生は○○くんのことをすごいってほめるけど、○○くんはお片づけをやったことがないんだよ。それでもすごいの?」

根拠のある自分の意見を持てるようになった頃、保育者が自分の思っているのと正反対のことを言った。どう考えても先生のほうが間違っている。そう感じてしまった時、Aちゃんは四歳児の時のように、先生の提案に素直に乗っていけなくなってしまったわけでした。

このように、四歳児から五歳児にかけて、子どもたちは判断主体として自立していきます。判断主体になったからこそ、自分の意見や自分の気持ちと保育者の意見とがズレてしまった時、さまざまな姿を見せるようになります。

子どもの気持ちと保育者の対応とのズレが「荒れ」を引き起こす時

平松知子さんの実践記録「悪戦苦闘の五歳児クラスの一年」は、子どもの気持ちと保育者の対応とのズレが、クラス全体を崩壊状態に陥らせる可能性のあることを示唆しました。

主任の平松さんが最後の二ヵ月だけ担任に代わって保育にあたったクラスでは、一月頃まで、保育時間中にも子どもがテラスにフラフラ出ていってしまう、子どもたちのケンカも「ナンダテメェ！」などのすさんだ言葉を使うなど、大変なクラスでした。平松実践は、どうしてそのようなクラスになってしまったのかを考察し、クラスのまとまりや楽しさを復活させるために悪戦苦闘した記録です。

九月頃、かっちゃんがこんな事件を引き起こしました。

秋の運動会に向けての跳び箱練習が終わって、さぁ給食という時間にそれは起こった。事務室にいる私のところに、くじら組の子どもたちが「大変！　かっちゃんが部屋でおしっこしてる！」と呼びに来たのだ。急いで部屋に行くと床一面にエンピツ削りの削りカスがばらまかれ、その上におしっこをしたあとなのか、ビショビショにぬれていた。騒然とした雰囲気の中で、ヘラヘラ笑いのかっちゃんがつかまえようとする担任の手をすり抜け暴れていた。

やっとのことで担任と二人だけで別の部屋でかっちゃんの気持ちをじっくり聞き、私がその間の保育をすることにした。

その後、担任がかっちゃんの思いを伝えようとみんなに呼びかけた。しかし、いつものように半数も集まらない。「友だちの大事だからちゃんと聞こうよ」と、ふざけている子一人ひとりに声をかけて何とか集まらせ丸く座らせた。担任から、跳び箱練習の時、嫌なことがあったというかっちゃんの気持ちが伝えられた。当人は身の置き場がないのか絵本棚に登ったりして落ち着きがない。ここはおとなが事情説明して済ませるのではなく、ぜひ自分の言葉で仲間に伝えるよう促すと、「うんそうだよ。みんな笑った。『へたくそ』って言った！」。もうヘラヘラ笑いは消えていて、今にも泣き出しそうな必死な表情のかっちゃんだった。

（平松知子「悪戦苦闘の五歳児クラスの一年」『現代と保育』第六〇号、二〇〇四年）

この場面だけを見ると、みんなが笑ったからかっちゃんが怒った、というように理解されます。しかし、五歳児ならば、保育室に鉛筆の削りカスをばらまいてはいけない、ということは十分わかっているはず。まして、その上にオシッコをするなんてとんでもなく恥ずかしいことだ、ということもわかっているはずです。それなのに、どうしてかっちゃんはやってしまったのでしょうか。「みんなが笑ったから」だけでは説明できない、わかっているけどやらずにはおれなかったかっちゃんの気持ちはどこにあるのか。それをつかむまでにはずいぶん時間がかかりました。

他の子どもたちがこのクラスの中でどのような姿を見せていたのか、その子たちの気持ちとかっちゃんの気持ちとの間に何らかの共通項がないかと探って、見えてきたことがあります。

ひとつは、のんちゃんの姿でした。

幼児全員で行なうリズムの日に、のんちゃんは毎回「あーぁつまらん！」などとふてくされ、さんざん担任にからみ、やっとベンチの隅っこに座っても、後ろ向きに座ったり、リズムはやったりやらなかったりの状態でした。

ある日のリズムの時間。いつものように、のんちゃんはみんなの席から外れた所に腰掛けていました。次々にバトンタッチをして順番にみんながスキップをするのですが、トラブルが起こったために、のんちゃんまで順番がまわってきませんでした。

リズムが終了する頃、のんちゃんはイライラして担任にけったり叩いたりと当たり散らしました。「あーぁつまらん!」と言っていたのですから、やらなくてすんだことでホッとしたのではないかと思えるのに、結果は逆だったわけです。

あとになってわかったことですが、のんちゃんのイライラには、次のような理由がありました。

のんちゃんは月齢も高くてしっかりしている子なのですが、ちょうどその頃、今まで常にいっしょだったともあきくんが別の子とあそぶようになり、のんちゃん自身も新たな友だち関係を模索していた時でした。リズムの時間は、「誰の隣に座ってもいいよ」という自由が与えられていました。本当はともあきくんの隣に座りたいのですが、隣に行くことも気おくれする。「誰の隣に座ってもいい」という自由が、この時ののんちゃんにとってはつらいことだったのでしょう。ベンチの隅っこに、後ろ向きに座る姿がそれを物語っています。のんちゃんはリズム活動が嫌いなのではなく、「誰の隣に座るのかは自由」というリズム活動のしかたが嫌だったわけです。「あーぁつまらん！」というのんちゃんの言葉を保育者が額面どおりに受け取ってしまったために、リズムの中断がのんちゃんにとても嫌な思い——友だちには気おくれするし、そのうえ、自分は活動にも参加することができなかったという思い——を大きくさせてしまいました。保育者に対する悪態や乱暴な行動は、その思いの表現だったわけです。

「あーぁつまらん！」という言葉は、「リズムが嫌いだ」という意味ではありませんでした。リズムはやりたい。だけど、誰とやったらいいか途方に暮れている。だから助けてほしい、というのがのんちゃんの真意でした。保育者がのんちゃんの言葉の表面に対応してしまったため、保育者とのんちゃんの間にズレが生じて、それが担任に対する荒れた行動となって表れてきたわけです。

このようなズレが日々の生活の中で積もりに積もった結果として、子どもたちに「自分が理解されないクラスにはいたくない」という気持ちが引き起こされ、クラスがバラバラ、みんなでのあそびや活動を組むことができない、友だちや担任に対して予想もしないほどのケンカや攻撃が出る、という結果を招いてしまったと考えられます。

途中からクラスを担当した平松さんは、二月～三月の二ヵ月間で、子どもたちの真意を汲みとり、一人ひとりの気持ちをクラスの友だちに伝えることによって、クラスのまとまりや楽しさを復活させていきました。そのなかで、九月にオシッコをしてしまったかっちゃんの本音も引き出しています。長くなりますが、実践記録から引用します。

三月五日、給食後。けいくんが、「かっちゃんとあそぶとすぐケンカになるんだもん」と言った。みんなも自分があそびの最中にケンカになった経験があると話してくれた。

けい「だって、かっちゃんは『ごめんね』って言っても絶対許してくれんから」。

かっちゃん「だって、すっごくすっごく嫌だったもん」

私「あーそういうことあるよね。そんな時はどうすればいいんだろうね」

ゆうきち「ねえ、友だちに教えればいいじゃん。『困った』って」

私「なるほど！　友だちに助けてもらうってこと？」

こうき「うんそうだ！」「そんで考える！」

どうやら生真面目なかっちゃんに、奔放なけいくんは合わない模様。でも、そんな時には仲間がいるじゃん、ということになり、「みんな、けいくんとかっちゃんがケンカになった時はお願いね」と話を締めくくろうとした。ところがそれだけでは終わらなかった……。

かっちゃん「でもさ、たいとこうきがさ、消えないマジックで『やめて』って言ってもやめないで僕のシャツに追いかけて書いたもん。保母さんも助けてくれなかったもん……」とまたまた爆弾発言。

こうきくんもたいくんも「へ!?」とびっくり。

私「それっていつの時?」

かっちゃん「Tさんの時」

私「!」

Tさんとはくじら組の子どもたちが三歳児クラスの時の担任で、その後退職した保育者。それって二年前のこと? そんなに心の中のもやもやをずっとためこんでいるの? いったいこの子の心の中にはいくつこんな石ころがあるというのだ? これはもう、一つひとつを解明して「ごめんね」と決着させるものではないなと感じた。

ホワイトボードにかっちゃんを描き、その心の中に石ころがいっぱい詰まった絵を描いた。

私「かっちゃんの心の中にはいくつもいくつも石ころが詰まっているんだね。それ、ためたらいけないと思うよ、かっちゃん!

一個ずつ決着つけなきゃ!」

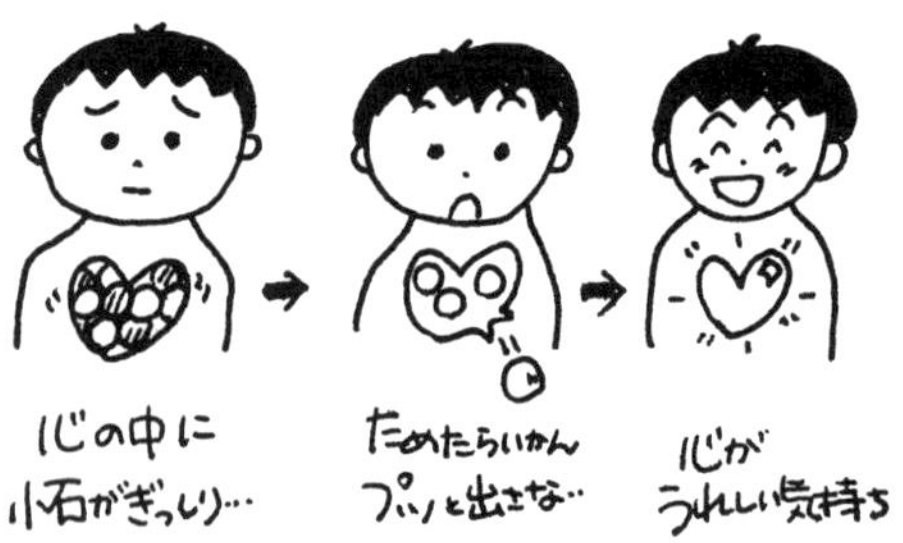
心の中に
小石がぎっしり…
ためたらいかん
プッと出さな…
心が
うれしい気持ち

りか「決着って?」
私「うーん、スッキリすることかな?」
けんじ「そうだよ。言わんと。口を閉じとったらいかんのだよ!」
私「かっちゃんが自分で石ころを『ぷっ』って心から吐き出さないかん。(また図で描く)『やめてよー、プッ』『誰か来てよー、プッ』『ちゃんと話そう、プッ』ってね」
この〝プッ〟がわかりやすかったのか、みんなにも笑顔が戻る。
〝困ったら、友だちと保母さんね〟も合言葉になった。
それからは自由あそびになる隙間の時間も含め常にかっちゃんの動向を見守り、必要なら背中を押して励ますなどの配慮を一層心がけた。かっちゃんは、見違えるようにみんなの中で過ごす時間が増え、ピカピカの笑顔も見られるようになった。

(平松知子、既出)

「みんな……『へたくそ』って言った!」(一三二ページ)というかっちゃんの言語表現の奥にある真意は、「いつもみんな、僕の気持ちをわかってくれないじゃないか」という気持ちでした。その日に「へたくそ」と言われたことだけを意味していたのではありませんでした。かっちゃんの言葉を言葉通りに受け止めてしまった対応のズレが、かっちゃんの気持ちの解決を三月まで遅らせてしまったのだと言えるでしょう。

ズレをのりこえて育ちの場に立ち戻る

かっちゃんの事例にもう少しこだわってみます。

かっちゃんは、「友だちも保育者も自分のことをわかってくれない」という思いを積み重ねてしまい、その結果として自暴自棄の行動を起こしました。「保育園は僕のことをわかってくれないところなんだから、ここで僕はどう思われてもいい」という気持ちが、悪いとわかっている恥ずかしい行動を引き起こしてしまったと理解できます。

もう少し深く考えてみましょう。どう思われてもいいのだったら、何も行動を起こさなくてもよかったのではないでしょうか。何もしない、あるいは、保育室に戻らない、という行動をとってもよかったはずです。なのに、かっちゃんはどうして、みんながいる保育室の真ん中で鉛筆削りカスにオシッコするという、わざわざ目立つ行動をしてしまったのでしょうか。

かっちゃんは、自分自身を見捨てていないし、まわりのみんなや保育者も見捨てていなかったのだ、と思わずにはいられません。行動自体は自暴自棄ですが、みんなの中でその行動をとったのは、みんなに見てもらいたかったから。「もうどうなってもいいんだ、というところまで追いつめられているボクをわかって！」という、精一杯のアピールだったのではないでしょうか。つながりを断っていないという意味で、かっちゃんは保育者や友だちを見捨てていなかったのだと思います。

オシッコ事件をきっかけに「かっちゃんは悪い子」とまわりが決めつけてしまっていたら、どうなったでしょうか。かっちゃんの真意と周囲の対応との、二度目のズレが生じてしまいます。悪循環のはじまりです。その悪循環は、判断力の形成がはじまっている五歳児のかっちゃんに、「友だちも保育者も自分の味方ではない」というマイナスの人間観を育ててしまったかもしれません。

かっちゃんを救ったのは、平松さんの洞察でした。

どのようにして平松さんは、ズレをのりこえてかっちゃんの真意にたどりついたのでしょうか。のんちゃんの事例（一三二ページ）に戻って考えてみましょう。

平松さんがのんちゃんの気持ちに気づいたのは、リズム活動の時ののんちゃんと、他の場面でののんちゃんの姿とを重ね合わせたからです。その頃、散歩の手つなぎの時にも、のんちゃんは同じようにすねることがしばしばありました。その姿とリズムの時ののんちゃんの姿とを重ね合わせると、「人とつながる時に限ってすねる」という特徴が見えてきます。その結果、「友だちとの関係で苦しい思いをしているのかもしれない」という結論が導かれました。

リズムの時間に荒れたあと、平松さんがのんちゃんの真意をただした場面を、記録から引用してみましょう。

リズムも終了する頃、何かイライラして担任にけったり叩いたりと当たり散らしているのんちゃん。その様子を事務室から見ていた私は、もしやと尋ねてみた。「のんちゃん、担任の先生に怒っているけど、別のことでモヤモヤしているんじゃないの？　本当はみんなといっしょにスキップをやりたかったんじゃなあい？」と。横を向き、眉を吊り上げふてくされていたのんちゃんの目からぽろぽろと涙がこぼれた。「やりたかったけど、順番がまわってこなくってつらかったね」と抱きしめた。

（平松知子、既出）

子どもの真意を理解することは、つくづくむずかしいものだと思います。けれど、保育や子育てをする大人の側には、ズレを最小限にするための子ども理解が求められます。

子どもを理解するためには、ある場面だけで判断するのでは足りません。一人ひとりの子どもがどのような生活の歴史を積み重ねてきているのかを理解すること。いろいろな場面での一人ひとりの姿を重ね合わせて理解すること。そうして、ズレが解消された時、横を向き眉を吊り上げふてくされていたのんちゃんがぽろぽろと涙をこぼしたように、かっちゃんにピカピカの笑顔が見られるようになったように、子どもたちは育つ場へと帰ってきてくれるのではないでしょうか。

3　ほめる保育をこえて

保育者の言葉が意図とは違って伝わる時

子どもと保育者とのズレは、保育者の真意が子どもに伝わらない時にも生じます。新人保育者のDさんは、担当した四歳児クラスの男の子たちが群れをなしてクラスの活動から逸脱したり、相互に激しい言葉のやりとりをしたり、保育者に対して拒否的な行動をすることに悩んでいました。

たとえば、こんなふうです。

四歳児クラスの夏、Tくんは、プールに入るために着替えをすることを嫌がります。Tくんが着替えないと他の男の子たちもTくんに従って着替えようとしないので、みんなでプールを楽しむことができませんでした。七月のある日、保育者が何も言わないのにTくんがはじめて自発的に水着に着替えました。それを見た他の男の子たちも一斉に着替えはじめました。Dさんは、すぐに言葉をかけました。

「Tくん、今日はお着替えできたね。おりこうさんだったね。」

すると、Tくんは「やっぱやめた」と言い、せっかく着替えた水着を脱ぎ、また洋服に替えて園庭に飛び出してしまいました。他の男の子たちもあわてて洋服に着替え、Tくんについて行き、一列になって園庭をぐるぐると走りまわっているのでした。

Tくんを認めてほめたことが、反発を引き起こしてしまったわけです。

このようなすれ違いが何度も続き、時には、Tくんは保育者のほめ言葉を揶揄するようにくり返し、「『やさしいね』だって！　しんじられなーい。バカかオマエは！」などと子どもらしくない言葉で保育者に反発することさえありました。

そんなTくんだけど、とにかく認め続けていかなければいけない。Dさんは苦しみながらも根気よく努力を続けました。その結果、Tくんも他の子どもたちも成長して、やがて深いやさしさを示すまでに育ったのですが、そうなるためには一年以上もの時間がかかったのです。五歳児に進級したあとで担任した別の保育者は、彼らが卒園したあとで、「あの子たちを心からかわいいと思えたのは、十二月になってからでした」と、本音を語ってくれました。

どうして、子どもと保育者の気持ちがこんなにかけ違ってしまったのでしょうか。保育実践をそばで見ながら、私自身も保育者と同じように悩み、原因も解決策も見つけ出せないまま、一年半経過してしまいました。彼らが卒園したあとで、保育記録をたんねんに読み直してみました。その結果、気づいたことがあります。

一般的に見れば、Tくんはクラスの「問題児」であり、他の子どもたちを力で従わせようとする「ボス」であったかもしれません。しかし、担任のDさんは、決してTくんを「問題児」とは言わない人でした。その子にはその子なりの何らかの理由があるはずだ、それをわかってあげたい、だから、「悪い子」と決めつけることは絶対にしたくない、という思いでいっぱいでした。どの記録を読んでも、Dさんのそういう気持ちと、どんなに反発されてもその子を認め続けていきたいという涙ぐましい努力がにじんでいました。その結果、DさんがTくんにかける言葉は、ほめ言葉や認める言葉でいっぱいでした。「子どもをほめる」「子どもを認める」ということを徹底して実践したのです。

しかし……と、私は考え込んでしまいました。ほめすぎたことにTくんとのすれ違いの原因があった、ということはなかったでしょうか。

ほめるとは、その子を賞賛することですが、その子を評価していることでもあります。お友だちにブランコを譲ってあげた時に「やさしいね」と言葉をかける。高いところから飛び降りた時には「かっこよかったよ」と言葉をかける。折り紙を折った時には「上手だね」と言葉をかける。すべてほめ言葉で、子どもに自信をつけさせる言葉ですが、一方で、その子をじっと見つめ、評価している言葉であることに変わりはありません。子どもはほめられてうれしいかもしれませんが、「やさしいかどうか」「かっこいいかどうか」「上手かどうか」と常に自分を見つめて評価する視線にさらされ続けていることになります。

いつも評価されている時、その評価が常にプラスであれば、子どもの心は安定するでしょう。しかしその場合でも、人の目を気にしすぎる副作用が生じます。ましてTくんの場合は、これまでほめられない行動をくり返してきたことを自分自身でも感じているはずです。ほめられた時、うれしさよりも自分が見つめられていることのほうを強く感じ、ふだんはマイナスに評価されているだろうという想像がひきだされてしまってもおかしくはありません。「おりこうさんだったね」という言葉に反発してせっかく着替えた水着を脱いでしまったり、保育者のほめ言葉を揶揄するようにくり返すTくんの姿は、「自分を評価するな」という反発心を表現している姿だったのではないでしょうか。「私はあなたのことを認めているよ」という気持ちを伝えるためにかけたDさんの言葉は、Tくんには「監視されている」と受け止められてしまったわけで、ここに、保育者と子どもとのズレが生じています。

保育者が子どもを認める気持ちを常に持ち続けていることはとても大切なことだし、精神的な努力を必要とすることでもあるがゆえに、とてもすばらしいことです。しかし、子どもを認めることとほめ言葉を使うこととは、同じではないのかもしれません。Tくんたちが卒園したあとで、このことを私はTくんから教えられた気がしました。

叙述する言葉

「どうしてそんなに悪いことをするの」と叱る言葉と、「とっても上手にできたね」とほめる言葉とでは、悪いところを指摘するのか、よいところを指摘するのかというベクトルの向きは正反対ですが、子どもを評価しているという点では共通性を持っています。これらをひっくるめて「評価語」と呼んでみましょう。

その他に、保育者はどんな言葉を使っているでしょうか。

保育者が子どもにかける言葉を、文法や単語のむずかしさという観点からではなく、言葉をかける目的から分類すると、次のような言葉が見つかります。これらは学問的な分類ではなくて、私が思いついたまま列挙したものです。

共感語… 子どもが転んだ時「痛かったねえ」などとかける言葉。子どもは自分の痛みを保育者が理解してくれたという喜びによって涙をこらえることもあります。

指示語…「みんなでお外に行こう」などと子どもたちに行動を指し示す言葉。

禁止語…「上履きのままお庭に出ないでね」などと子どもの行動を制限して、よい悪いの判断力を形成するための言葉。

説得語…「どうしてお昼寝をしないといけないか知ってる？　お昼寝をしないとね……」などと理由を説明して、子どもが自ら望ましい行動を選びとれるように導く言葉。

質問語…「昨日の日曜日何をしていたの？」などと、子どもが自分の体験を自覚して言語化できるように導くための言葉。

その他にも、たくさんの言葉があるかもしれません。それぞれとても大切な言葉ですし、生活の中でいっぱい使われる言葉です。一方、それぞれの言葉は使い方によってはマイナスの影響を子どもに与えてしまうことがあります。共感語は、あまり使いすぎると、「そうなの、私はとっても悲しい目にあったの」という被害者意識を必要以上に引き出して、気持ちが立ち直りにくくなることがあります。指示語も多すぎると子どもの主体性を奪ってしまうでしょうし、禁止語も不適切に使うならば子どもの判断力を奪って大人の顔色をうかがう子にしてしまったり、反発を引き起こしたりします。説得語も、多すぎると保育が理屈っぽくなって楽しさを奪ってしまいます。一長一短あるわけですから、それぞれの言葉の使い方を保育者は洗練させていかなければなりません。ほめるにしても叱るにしても、子どもを評価してしまう「評価語」についても同じことが言えます。

ここで、もうひとつの言葉の必要性を強調したいと思います。それは、子どもの行動結果や子ども自身の姿、子どもが見つめているものを、そのまま写生するように語る言葉です。「叙述語」と名づけてみましょう。

子どもが砂場でお皿に砂や木の実を盛りつけて、「カレーライスができた」と保育者に持ってきた場面を想定しましょう。その時、保育者が「わあ、おいしそうなカレーライスできたね」と対応したあとで、「すごい、湯気が出てる！　アツアツだね。オッ、にんじんも入ってる。大きなお肉も入ってるぞォ」と続けたらどうでしょう。ごっこの世界のことですが、子どもがつくった「カレーライス」を写生するように描き出しています。これが叙述語です。

叙述語は写生するような言葉でほめ言葉ではないのですが、このような保育者の言葉を聞いた子どもは「自分のつくったカレーライスを保育者が喜んで食べてくれた！」という喜びを感じることでしょう。そして、またつくりたいという意欲とともに、「今度はシーフードカレーにしようかな？」などと想像力も刺激されるのではないでしょうか。

鬼ごっこで敏捷に走りまわって勝ち残った子どもに対して、「○○ちゃんはすごく速かったね」と言うと評価語になりますが、「〇〇ちゃんは足できゅっとブレーキをかけてクルンと方向転換して逃げたね」と叙述することも可能です。

叙述語には、子どもを賞賛する言葉や非難する言葉が直接的には入っていませんが、結果としては、子どもにその気持ちが伝わります。

前項で、子どもをほめたり認めたりすることはとても大切だけれども、子どもを認めることとほめ言葉を使うことは同じではない、と書きました。直接ほめなくても、叙述することによって子どもを認めることが可能だということです。評価語の場合は、「評価する人」「評価される人」というように立場がわかれてしまいますが、おいしそうな「カレーライス」を確認し合うなどの叙述語の場合は、子どもと保育者の気持ちは同じです。もちろん、保育者のほうがより具体的で細かいことに気づくわけですが、おいしそうなカレーライスを二人で確認し合っているという立場は同じです。そういう意味では「共感語」に似ています。しかし、共感語が「痛かったね」「うれしかったね」と気持ちの中味を語るのに対して、気持ちではなく外側の世界や対象を語るという点で叙述語は共感語とも違います。この違いは大きいのだと思います。なぜなら、叙述語は子どもの行動対象や行動のしかたを叙述するがゆえに、子ども自身がそのことに主体的に思いをめぐらせ、自分でさらに工夫したり考えたりする契機となりうる特徴を持っているからです。

私の手元には、何百編という実践記録があります。それぞれ保育者が一生懸命保育にあたった貴重な記録です。それらを読み返してみたところ、意外なほど叙述語が少ないことに気づきました。「カレーライスできた」と子どもが持ってきた時には、「ワア、おいしそう」と受け取り、モグモグと食べるマネをして、「おいしかった。ごちそうさま。今度はコーヒーが飲みたいな」というように、叙述を省略して、指示語へと飛んでしまうのです。それでもあそびは続くのですが、うっかりすると、子どもが「今度は何がほしいですか？」と指示を仰ぐようになって、非主体的なあそびへと変貌してしまうこともあります。

Dさんの事例（一四二ページ）に戻りましょう。Tくんが自発的に着替えた時、「おりこうさんだったね」とTくんに向けた評価語を使う代わりに、関心をプールに向けて「今日は暑いからプールの水もあたたかくなってる！」などと、叙述語を使ったほうがよかったのかもしれません。プールに入ったTくんが「本当にあたたかい」と感じたならば、保育者との間に最初の共感関係が成立するでしょう。同じ気持ちをもつことは、お互いを認め合える第一歩になるはずです。

しかし、このようなことは、Tくんたちが卒園したあとで、何度も記録を読み返して考えたことです。在籍している最中は、私もDさんたちといっしょに光の見えない暗中模索状態でした。自発的に水着に着替えたことをほめたことと、ほめられたために水着を脱いでしまったことの間には、明らかにズレがあります。そのズレがどうして生じたのかを深く考えず、「バカかオマエは！」などの激しい言葉に驚いてしまい、Tくんとはどのような子どもなんだろう？と、具体的な場面を深く読みとらずに「Tくん評価」のほうに考え方が流れてしまったことが、解決の糸口をつかめなかった原因かもしれません。一つひとつの場面でのズレをていねいに拾い、その他の場面での行動と結びつけていくという議論が大切であったと思わずにはいられません。

「ほめる」ということについて、別の角度から記しておきたいと思います。

ある五歳児クラスで、女の子たちが新体操の振り付けを考えて、毎日のようにあそんでいたことがあります。子どもたちが生きいきしていて、振り付けもとてもすてきだったので、保育者はこの姿を何とかしてみんなに知らせたいと思いました。そして、ある日、「発表会をやろう」と提案して、保育室に大型積木で舞台をつくり、他のクラスの子どもたちや保育者を招いて発表会を行ないました。彼女たちは発表会では生きいきと演じたのですが、発表会が終わったあとは新体操であそぶことがなくなってしまいました。発表して賞賛されたことが、その活動の終了を意味してしまったわけです。

子どもはほめられたくて活動するのではないし、発表したくてあそびを発展させるわけでもありません。ほめるということが、もともとあった活動そのものへの意欲を別物に変えてしまう危険性が常に存在します。ですから、ほめることの大切さとともに、その危険性にも十分に気を配りたいと思います。

子どもと保育者の「ズレ」について書いてきました。保育者も神様ではないのですから、ズレをゼロにすることは不可能です。しかし、最小限にすることはできるのではないでしょうか。子どもたち一人ひとりの「歴史」を知っていること。そして、子どもを評価するのではなくて、子どもとともにさまざまな出来事を叙述して伝え合っていくこと。このふたつは、子どもと保育者が思いをつないでともに生活を味わっていくことに他なりません。保育者に理解されていると感じた時、子どもたちは保育園を育ちの場として、本来持っている「育つ力」を発揮して輝いてくれるのだと思います。

第4章

“大きくなりたい”を応援するとは？

——発達の見える側面と見えにくい側面——

息子が四歳児クラスの末に竹馬に乗れるようになった時、私は感動して、近くの公園で竹馬に乗る息子の横を「一歩、二歩……五〇〇歩……五〇一歩……」と数えながら歩いたことがあります。一人で千まで数えなさいと言われるとウンザリしますが、子どもの竹馬の歩数を千まで数えることはまったく苦ではありません。保育園や幼稚園ではたくさんの子どもたちが竹馬に乗れるようになり、飛び箱を飛べるようになり、たくさんの成長を遂げていきます。保育者は毎年くり返して子どもの成長を見ているわけですが、その感動は何度経験しても常に新鮮であるに違いありません。

見ている大人でさえうれしいのですから、子ども自身の感動はどれほどでしょうか。はじめてつかまり立ちした時の子どもは、これ以上ないくらいの幸せな笑顔で笑います。靴を履いて外を歩けるようになった子どもは靴が大好きで、登園して脱いだ靴をうれしそうに片手に一つずつ持ってトコトコと走って靴箱にしまいに行きます。

何かができるようになることは、とってもすばらしいことです。子どもに喜びをもたらし、その喜びが動機になって次の活動を引き出し、活動することによって次の発達が進んでいく……。できる喜びが発達の原動力であることは、今さら言うをまたないことです。

しかし、できるようになることは常に喜びをもたらし、次の発達への意欲となるのでしょうか。また、できるようになることは、子どものすばらしい成長を保障するのでしょうか。第4章ではこの問題を考えてみたいと思います。

1 できるようになることは、孤独になることではない

——一歳児の実践から

「できるようになりたい」にかかわるふたつの気持ちを理解する

生活活動においても、できるようになることは、子どもに喜びをもたらします。パンツをはけるようになった一歳児は、「○○ちゃん、パンツはけるようになったんだって？　見せて！」と言われると、喜々としてはいてみせてくれます。

ところが、できるようになったことをやりたがらないことがあります。

愛知・こぐま保育園の前川内もとこさんは、次のような一歳児の実践を報告してくれました。

散歩に出かける前は「くつはけなーい、やって、やってよー」と怒るこうへいくん。「ななみちゃんとつなぎたーい」とえりな、みきがケンカをしています。間に挟まれひっぱられているななみは大泣きしています。「あーあ、お散歩いけないね」と思いながらも、「ケンカしてたら行けないよ」と子どもたちに声をかけていきました。「くつはけなーい」と怒っているこうへいくんには「自分ではけるはずなのに」と思う気持ちを押さえ、「見ててあげるからはいてごらん」と声をかけました。「できなーい、やってー」とこうへいくんは怒っています。そんなこうへいくんの姿を見ていると、ついつい私も意地を張ってしまいます（大人気ない）。「まってってあげるから自分でやってごらん？　こうへいくんできるよ」とまた、この言葉がけをしてしまいました。これじゃあ先に進めないのがわかっていても、私も後に引けなくなってしまうのです。「もー」と内心思いながら結局保育者がはかせてしまいます。

（前川内もとこ「子どもたちの自我が育っていくために～「肌のぬくもり」を感じながら～」愛知・こぐま保育園、二〇〇六年）

散歩に出る前の忙しいひと時。子どものダダコネやワガママと悪戦苦闘している保育者の姿が率直に描かれています。こうへいくんは、自分で靴を履くことができるようになったばかりです。なのに、お散歩前の忙しい時間に限って、「はけなーい、やってよー」と要求します。

保育者はこうへいくんは靴を履くことができると知っているから、「またワガママ言って！この忙しい時に！」という思いがわいてきてしまいます。

なぜ、できるのに「できない」と言うのでしょうか。

こうへいくんの「できない」という言葉は、じつは「靴を履くことができない」ということを意味しているのではありませんでした。保育者にそばについていてもらって、見守られながらやりたい。その要求が「できない」という言葉で表現されていたのです。

実践記録の続きを引用します。

こうへいくんが求めているものはこんなものではないはずです（神田注…「こんなもの」とは遠くから「見てるよ」と言葉をかけること）。「先生といっしょにやりたい」「先生、ここでみててよ」。こんなかかわりをこうへいくんは求めているのではないかと思うのだけど、あっちでも、こっちでも怒ったり、泣いたりしていると、知らず、知らず、気持ちにゆとりがなくなってしまっていることに気づきます。

「受け止めるってなんだろう」と自分の中で考えた時、まず、子どもたちが受け止められたと実感できるためにはどうしたらいいか考えてみました。私は子どもたちに触れていこうと思いました。「先生はあなたのこと見てるよ」。そんな思いを込めて肩に手を置いたり、手をギュッと握ったり、時にはだっこしてあげたり。言葉だけで「見てるよ」と言っても伝わらないことがほとんどです。実際、「まっててあげるからやっておいでー」と声をかける時はその子のところに行けない時です。保育者の目が他に向いてるのに声をかけられた子が「見てもらえてる」とは思えないはずです。こうへいくんの「くつはけなーい」も「いっしょにやろうよ」と手をギュッと握って目を見て声をかけるだけで姿がまったく変わります。「ここ持っててあげるからはいてごらん?」と声をかけ、くつをはく手助けをすると自分ではこうとするのです。

自分のことを見てもらえてるって実感できることは子どもにとって大事なんだと思いました。すぐに行ってあげられない時、自分でやらせたい気持ちからついつい言葉がけだけですませてしまった時も、子どもと向き合った時は子どもに触れ、言葉をかけていくことで、自分自身をふり返るきっかけにもなりました。

(前川内もとこ、既出)

こうへいくんの「できない」は、靴を履くことへの拒否ではなくて、「そばで見守られながら履きたい」という要求表現でした。この事例は、「できる」ことと「やりたい」とは単純には結びつかないことを示しています。子どもは「どのようにやりたいのか」という、「やり方」への要求を持っていて、その要求が満たされなかったためにできる喜びが活動意欲につながらなかったのだと理解できます。

どのようなしかたでできるようになりたいのか

一般に一歳代は、発達の大きな変わり目です。自我の芽ばえにともない、独立した存在である自分を示すために大人の誘いに「イヤ！」と反発して、もはや親の一部ではなくなったことを主張しようとします。親が手を焼きはじめる時期です。

この頃からは衣服や靴の着脱、トイレでの排泄、スプーンの使用など、生活技術も格段に成長しはじめます。成長が自分自身にもわかるから、大人が手を出すのを拒んで「ミテテ（手を出さないで）」と要求したり、「ジブンデスルノ！」と主張したりします。大人の手を借りずにできるようになることが多くなるので、一歳から二歳は自立のはじまりの時期だと言えるでしょう。

しかし、奇妙なことですが、この時期、大人の後追いもかつてなく激しくなります。親の姿が見えなくなると大泣きするために、子どもと二人きりで生活している母親はトイレにも行けないくらいです。

自立がはじまるとは、親の手助けを必要としなくなること。したがって親から離れはじめる時期であるはずなのに、どうして同じ時期に後追いが激しくなるのでしょうか。

今までは何をするにも親の手を借りていたので、親といっしょは当たり前でした。ところが、自分一人でできるようになると親は手出しを控えます。今までいつもいっしょだったのに、自分一人でやることになってしまった。それは、子どもに不安を感じさせるのではないでしょうか。だから、手は出さないでほしいけれど、「自分のそばにいて、自分を見守っていてほしい！」というおびえにも似た要求がこの時期に強くなるのだと理解できます。

前川内さんの実践で、こうへいくんが「できない」という言葉で表現したかったのは、このような気持ちであったろうと考えられます。こうへいくんは自分で靴を履けるようになった。だから保育者はまだ自分ではできない子どものほうについてしまいます。その孤独を感じたから、保育者を呼び戻したかったのでした。たくさんの子どもに手を貸さなければならない忙しい時に限ってダダコネが多くなる理由も、これで理解できます。

前川内さんは、体に手を触れるなど、身体接触をすることで、こうへいくんの要求に応えました。「あなたをそばで見守っているよ」ということを伝えるための身体接触ですから、○歳児を受け止めるような包み込むだっこではありません。そこに、○歳児とは違う一歳児の成長があります。体に触れてそばで見守っている安心感を与えることによって、こうへいくんの強情やワガママは姿を消していきました。

一人ひとりに身体接触をすると準備に時間がかかりますから、遠くに行くことができないかもしれません。それでも、見守られている安心感をもって出かけるならば、近場の散歩であっても子どもにとっては気持ちのこもった散歩になることでしょう。

私たちは、前川内実践から、発達には見える側面と見えにくい側面があることに気づかされます。何かができるようになるという技術や認識能力の進歩は、見える側面です。「見守られながらやりたい」という気持ちは、見えにくい側面です。見えやすい側面と見えにくい側面との両方を理解した時、はじめて発達が理解できたと言えるのではないでしょうか。そして、両方に親や保育者が応えた時、できるようになったことが意欲になって、次の活動や発達を導いていくのだろうと考えられます。

大人が忙しかったり、心のゆとりがなかったりすると、見える側面だけで子どもを理解し、見えにくい側面を見落としがちになります。そうすると、子どもは親を離れられず、「自分でやれるでしょ」「自分でやってね」と言えば言うほど、納豆のように大人にくっついてきます。

ある保育園で、一歳児のおかあさんに保育者が「お子さんをだっこしてあげたらどうですか?」とアドバイスしたことがあります。おかあさんは「何分ぐらいだっこすればいいですか?」と再質問されました。何分という数字的な答えはありません。子どもはおかあさんにだっこされているうちに、首をきょろきょろとまわして、楽しいものを見つけ、やがておかあさんの手をふりほどいて床に降りるでしょう。その時までだっこしてあげればいいわけで、長い時間ではないだろうと予想できます。子どもはおかあさんに包み込まれることを要求しているのではなくて、おかあさんといっしょにおもしろそうなものを探したいという要求をしているのですから。おかあさんが「早く降りてほしい」という素振りを見せると、「降ろされてしまう」という不安感から子どもはもっとしがみついてしまいます。こうへいくんの「できない」と同じで、「だっこ」という直接的な要求の裏側に「おかあさんといっしょに何かをしたい」という別の要求が隠されていることがわかります。

2 みんなの中でできるようになりたい
——五歳児の実践から

「みんなの中で」が実現されなかった時

前節では、一歳児の発達に焦点を当てて、発達の見える側面と見えにくい側面についてお話ししました。見えにくい側面とは、やり方についての要求であり、大人にそばで見守っていてほしいという「見守られ要求」でした。同じようなことは、幼児にも存在します。

三歳未満児と違って、三〜五歳児は、保育者の見守りだけではなくて、友だちとの関係も意識します。ですから、見えにくい要求の中には、友だちに認めてもらいたいという気持ちも色濃く込められています。

今はベテランの保育者である寺尾直子さんは、はじめて五歳児を受け持った時に、運動会のあと、どのような活動にも否定的な発言をするようになったのりちゃんに悪戦苦闘しました。のりちゃんは産休明けから入園し、話し合いの時にはゆかいなアイディアを出してくれたり、ごっこあそびではとっても楽しくあそべる子どもでした。

五歳の運動会で、飛び箱五段に挑戦しました。ほとんどの子どもはできなかったのですが、のりちゃんはすぐに飛べるようになりました。その結果、運動会までの数日、寺尾さんはまだ飛べない子どもたちにつきっきりになり、のりちゃんはその時間、自由にあそぶことになりました。当日、他の子どもたちは見事五段を飛べたのですが、のりちゃんはとび箱から落ちてしまいました。そのことがきっかけで、運動会以後、どんなことをする時も、やる気になるまで時間がかかり、友だちとも、ささいなことでトラブルを起こすようになってしまったのです。もやもやした状態は、運動会後一ヵ月たっても二ヵ月たってもいっこうに改善されず、ますます激しくなっていきました。

「五段飛べたからもう大丈夫」という技術的な進歩だけでは、のりちゃんの要求は満たされていなかったのだと推測できます。他の子どもたちが保育者と一生懸命練習している。のりちゃんも、その輪の中にいたかったのではないでしょうか。友だちがみんなで練習している姿を見たのりちゃんは疎外感を感じ、飛び箱そのものに対しても熱意がなくなってしまった。気持ちが入らないまま運動会をむかえたために、当日は失敗してしまったわけです。そして、他の子どもたちが「飛べた！」と感動を共有しているのを見てますます疎外感が募り、運動会以降はクラスの活動に背を向け、友だちのちょっとした言動に反発するようになってしまったのだと理解できます。

のりちゃんには、飛び箱五段を飛ぶという見えやすい発達の側面と、「みんなといっしょに達成したい」という見えにくい側面との二つがあったのに、若い保育者だった寺尾さんが第二の側面を見落としていたのです。寺尾さんは、十二月以降、のりちゃんを集団の中に取り戻すべく、実践に工夫を重ねていきます。「エルマーのぼうけん」の劇づくりでは、のりちゃんが集団に認められ、主人公を演じることによって友だちといっしょに達成感を感じられるようにしていきました。その結果、のりちゃんは変化していきます。竹馬や側転の練習にも意欲的に向かうようになり、「やりたくない」とは言わなくなりました。クラスの話し合いの時に、友だちがつまずいたりすると、「それから？」「あそんでどう思ったの？」などと友だちの気持ちを聞いて励ましてあげられるようにもなっていきました。（寺尾直子「のりちゃんとたいようぐみの子どもたち」『季刊保育問題研究』第一四八号、新読書社、一九九四年）

のりちゃんも、劇づくりの時、言葉のうえでは「エルマー役をやりたくない」と言うことがありました。でもそれは、じつはエルマー役をやりたくないのではなくて、みんなに認められて応援してもらう条件のもとでやりたいという、やり方についての要求表現でした。

五歳児でも、子どもの言葉には、表面的な意味と、その言葉に隠されている真意とのズレが見られます。そして、保育者が隠された意味に気づくことによって、のりちゃんは劇づくりに意欲的に参加し、みんなの中で認められた自信をつけただけでなく、友だちの気持ちも理解しようとするもう一段の成長をなしとげていきました。子どもの言葉に隠された意味とは、この場合も「まわりから応援されて達成されていきたい」という発達要求だったわけです。

みんなで達成した感動が友だちへの感動につながる

宮野貴子さんと上野真理子さんは、同じ保育園の五歳児を、相前後して担当しました。ふたりとも、運動会では飛び箱五段を種目として選びました。（上野真理子さんの実践は九四ページでもふれています）

宮野さんは、できる子もできない子もみんなで練習して飛び箱を達成していこうと取り組みました。なかなか飛べなかったともこちゃんは、みんなの応援の中で最後に飛べるようになります。その時、すでに飛べるようになっていたまりこちゃんは、ともこちゃんが一回飛ぶたびに葉っぱを一枚並べるようにして、練習した回数を数えていました。そして、「ともちゃん五十二回もとんだよ、すごいね」と、ともこちゃんに対する感動を述べています。

誰かができるようになった時、「ボクなんかずーっと前にできたもんね」と冷ややかに友だちを見つめる五歳児がいます。そのような姿は、その子の技術の進歩が人間性の発達に結びつかず、「できるようになること」によって人と自分とを比較し、どちらが上かを意識する緊張感の中に子どもを追いつめつつあることを示しているといえるでしょう。自分はずっと前にできていたけれど、あとからできるようになった友だちの姿にも感動できるともこちゃんのような姿が、技術の進歩が人間性の育ちに結びついた姿なのだろうと考えられます。

翌年五歳児を担当した上野さんも、宮野さんと同じように運動会に取り組みました。そして、さらに新しいことを発見します。運動会をみんなでつくり上げた子どもたちは、達成感を共有することによって、運動会後は関係がいっそう強まっていきます。数人であそんでいると、他の子どもたちも寄ってきて、いっしょにあそぶ子どもの数がぐっと増えるのでした。しかし、大人数になったために、あそびが長続きしません。あそびの中でトラブルがおこると、子どもたちだけでは解決することができず、保育者に助けを求めに来ることがたびたびありました。運動会の経験は子どもたちの仲間意識を高めるけれど、仲間とつながる技術の習得はまだまだ不十分だということです。

しかしひるがえって考えるならば、みんなですごいあそびをつくりたいという気運の高まりは、友だちとの関係を築き役割分担をしながら大人数で一つのあそびをつくっていくための保育者の指導を吸収する、子ども側の条件が高まっていることも意味します。上野さんは運動会後、集団であそぶ経験をたくさん取り入れ、そのなかで子どもたちが人間関係を調整する力を育てていきました。そして、一月以降は、保育者を必要としないほどクラス全体がまとまり、あそびも生活活動も子どもたち自身の手で進めていける、とても頼もしいクラスに育っていきました。（上野真理子・神田英雄『五歳児のあそび』旬報社、一九九四年）

何かができるようになることは、それがどのような条件の中で達成されたのかによって、子どもの発達に与える影響はまったく違ってきます。できるようになること自体もすばらしいことですが、技術的な達成だけにとどまらない子どもの育ちを見据え、子どもの人間性全体を育てていく目が保育者には求められるように思います。

見守られたい気持ちの育ち

ある五歳児クラスで、こんなことがありました。

運動会のリズム活動の練習をしていた時のこと。練習がほとんど終わる十一時近くになってAくんが登園してきました。Bくんが「Aくん、遅いよ。もう練習終わっちゃうよ」と言うと、Aくんはにらむように B くんを見ます。Bくんが「踊り、覚えた？」と聞くと、Aくんは B くんにつかみかかっていきました。保育者が止めて「Ａくん、Ｂくんは心配してくれてたんだよ」と言っても、Ａくんは無言。「これから練習する？」と聞くと首を振ります。他の子どもたちがふたりの近くに寄ってきました。するとＡくんは、「来るなー！　見るなー！」とどなり散らしました。保育者は「Ａくん、みんなに見られるの嫌だよね。恥ずかしい気持ちがするよね。でも、みんな、Ａくんのこと心配していたんだよ。そんな大きな声を出さないでね」と言っても、無言で保育者に目を合わせようとしませんでした。

Ａくんは、リズムの練習をやりたくなかったから首を振ったのでしょうか？　みんなに自分のところに寄ってきてもらいたくなかったから「来るなー！」と言ったのでしょうか？

Ａくんは、しょっちゅう登園時間に遅れて登園してくる子どもでした。そのたびにおかあさんはＡくんに聞こえるところで、「朝、Ａがテレビゲームをやっているので、登園時間に遅れてしまった」と言いわけをします。しかし、本当のところはわかりません。後で引用する会話から推測すると、遅くなる原因は親のほうにありそうです。Ａくんが毎日のように遅刻している時、クラスのみんなは練習をしてリズムも上手になり、多くの子どもが竹馬に乗れるようになっていました。まだ十分にやれないＡくんは練習したかったのに違いありません。

Ｂくんとのトラブルのあと、保育者はＡくんと二人きりになって会話を続けました。

保育者「今日はどうしたの？　テレビゲームやってたの？」
Aくん　反応なし。
保育者「じゃあ、おかあさんが準備できんかった？」
Aくん　そっけなくうなずく。
保育者「そうか。Aくんは準備できていたんだ」
Aくん　少し保育者のほうを見てうなずく。
保育者「おかあさんが遅くなるのは困るよね。Aくん、みんなといっしょに練習できなくなるもんね」
Aくん　今までのうなずきとは違い、二度首を振ってうなずく。
保育者「今日、遅くなるの嫌だった？　それでみんなの中に入るの恥ずかしかったの？」
Aくん　声に出して「うん……」
保育者「遅くなると何もできないし、あそぶ時間もなくなっちゃうもんね。みんな、竹馬にもだんだん乗れるようになったよ」
Aくん「えっ、みんな？」
保育者「ううん、みんなじゃなくて、だんだんできるようになったってこと。だから、みんなAくんのこと、心配していたんだよ。だからさ、Aくん、今日すごく怒ってたけど、怒ったり手を出したりするんじゃなくて、お口でやさしく言おうよ。わかってくれる?」

Aくん「わかった」

保育者「じゃあ、みんなが待ってるからお部屋に戻ろうか」

保育者といっしょに保育室に戻ったAくんは、最初はうつむき加減でしたが、Bくんに声をかけられて、他の友だちともいっしょになって、いつもの表情で会話をはじめました。

Aくんには、「おかあさんのせいで毎日登園時間に遅れて、練習に参加できない、なのにおかあさんはボクのせいにする」というわだかまりがあったのでしょう。「踊り、覚えた?」というBくんの言葉に反発したのは、Bくんが憎かったのではなくて、心の中にあったわだかまりが爆発したからと考えられます。五歳児のAくんにとって、イライラの理由を自覚して言語化することは、まだまだむずかしすぎます。

このような思いをかかえて園生活を送っている子どもが、現在、たくさんいます。そのような子どもたちにとって、「お口で言ってね」「やさしく言ってね」という働きかけは、子どもの力を越えた要求になってしまいます。だからこそ、表現にならない子どもの気持ちを把握することが、ことさら大切になっています。

「○○してね」「○○しようか」という会話は、直接的には活動についての会話です。これまでの例では、

・靴を履く活動（前川内実践の場合）
・エルマーになる活動（寺尾実践の場合）
・リズムの練習をする活動（Aくんの場合）

があげられます。

それぞれに対して子どもは拒否的な反応を返しましたが、それは、活動自体に対する拒否ではなくて、活動条件に対する拒否でした。

・靴を履くのが嫌なのではなくて、見守られていない条件のもとで履くのが嫌だった。
・エルマーになるのが嫌なのではなくて、みんなに応援されないしかたでやるのが嫌だった。
・リズムの練習が嫌なのではなくて、親が応援してくれないのが嫌だった。

ということです。

「○○をしよう」という言葉の○○は活動を指しているので、それに対する拒否は活動そのものに対する拒否のように理解されますが、子どもの真意は活動の条件に対する拒否であることが多く、そのためにわかりにくくなったり、子どもと保育者との間ですれ違いが生じたりしてしまいます。ですから、子どもが「やりたくない」と言った時も、何に対する拒否なのかを

考えることによって子どもの真意に近づけるかもしれません。

子どもの発達と見守られたい要求の変化

子どもの発達をたどっていくと、自我の発達や自立が進むのに応じて、どのような「見守り」を求めているのか、その気持ちの変化も見えてきます。

一、二歳児は、先に述べたように、近くで見守られる中でやれるようになっていきたいという要求を強く持っています。「みてて」などの言葉が連発されるのは、その要求のストレートな表現だと理解できます。

二歳児になると、要求はそれだけにとどまりません。子どもはアルバムを見ながら、「○○したねー」「○○へ行ったねー」などと、思い出話をするようになります。大人と会話をすることによって、自分の過去が思い出され、それらがつながって、心の中に「自分の歴史」がつくり出されていきます。二歳児は、ボクの歴史を知っていてほしいという「見守られ要求」が生まれる時期です。

ボクは今日は、ワガママいっぱいだった。おかあさんに叱られちゃったけど、昨日のボクは散歩の帰りに疲れたのに「だっこ」と言わずに我慢して歩いたよね？　おとといは、お友だちに「カシテ」って言われて嫌だったけど貸してあげたよね。おりこうさんだったボクをおかあさんは知っていてくれて、そのうえで、今日のボクを叱っているんだよね。だから、今日ボクは悪い子だったけど、おかあさんはボクを見捨てないよね。……

二歳児の気持ちを代弁すると、こんなことになるのかもしれません。自分の物語を知ってくれているという安心感があるからこそ、ワガママを言うこともできるし、自我を拡大していくこともできるわけです。

三歳児は、「ボクはもう、おかあさんにもおとうさんにも、先生にも負けないくらい一人前になった」という万能感の中にあります。ですから「ヤッテアゲル」などの恩着せがましい言葉が出てきますが、一〇〇パーセント自分が一人前だと思っているかというと、そういうわけではありません。できない自分にも、うすうす気づいている。けれども、その幼さを大目に見てもらったうえで、一人前ぶりたいのが三歳児です。

子どもたち対保育者で鬼ごっこをしたとしましょう。「オレタチ」意識が生まれてきた三歳児は、先生に勝つことによって「オレタチってすごいだろう!」という誇りを感じて懸命に走りますが、心のどこかでは、先生が手を抜いて子どもたちが勝つようにしてくれるという期待感ももっています。ですから、先生が本気で子どもをつかまえてしまうと、「ギャー! さっちゃんは早くなったのに先生がつかまえたー!」と大泣きをして抗議することになります。表面的には自分をつかまえたことに対する抗議ですが、その裏には「大目に見てくれるはず」という期待感を裏切られた抗議が隠されています。

三歳児は幼さをまわりの人に理解してもらいたい。そのうえで、大手を振って「一人前になった！」とふるまっていたい時代です。

四歳児になると、自分をふり返る判断力が育ちはじめているので、大目に見られることでは自信を持てなくなります。嫌いな牛乳を飲み切ることができずコップの底にちょっと残っているのに、「わあ、すごい、みんな飲んじゃったね！」とほめられてしまうと、うれしさよりも後ろめたさを感じてしまいます。大目に見てほめてもらいたいのではなくて、名実ともに自信を持ちたいのだけれど、まだ自分に自信がない。保育者がコップの中に残された牛乳の水面を指さして「きのうは牛乳ここまで残っていたけれど、今日はここまで飲んだんだね」と、事実に照らし合わせて支持を入れるならば、四歳児は胸落ちして、自分の努力に納得することができるでしょう。また、三歳児までなら自分でやらなければ気が済まなかった折り紙でさえ、保育者に「ヤッテ！」と持ってきます。自分では上手に折れないかもしれないから。だけど、保育者が全部折ってしまうと、やっぱりうれしくありません。自分でやったことではないからです。「先生が持っててあげるから、ここを折ってごらん」と、支えを入れてもらいながら、納得のいく成果が出た時に、四歳児はようやく自信を持つことができます。やってもらいたい、

そうそう…

だけど自分でやりたい四歳児です。

四歳児は、ほんとに小さなこと、些細なことに対しても大人から「そうそう、それでいいんだよ」という支持を得たいわけです。自分の判断や行動を事実を通して一つひとつ確かめて、「それでいいよ」と言ってもらいたい。それが四歳児の「見守られたい要求」ではないでしょうか。

五歳児になると、思いを巡らせ、事実に基づいて自分で判断する力が育ってきます。「できないかもしれない」と最初は感じても、四歳児期のようにそこで立ち止まってしまうのではなくて、「こうしたらどうだろう?」と工夫をはじめ、努力や挑戦がはじまります。ですから、結果を認めてもらうだけではなくて、工夫した経過やがんばった経過を理解してもらいたくなります。「できないと思ったけど、がんばったらできた!」という、結果にいたる経過を知ってほしいわけです。前項でとりあげたまりこちゃんは、一生懸命に跳び箱の練習をするともこちゃんにつき添い、葉っぱの数でともこちゃんががんばった回数を記録していました（一六七ページ）。まさしく、努力の経過を理解してくれたわけです。ですから、ともこちゃんはまりこちゃんに信頼感を持ち、励まされたのでした。

五歳児の「見守られたい要求」は、どのような努力や工夫をしたのかに、まわりの人が気づいてくれること。そういう見守りの中でできるようになりたいのが五歳児です。

このように、子どもの発達にともなって、どのように見守られる中でできるようになっていきたいのかという、「見守られたい要求」の中味も発達していきます。できることについては大人は注目しやすいのですが、どのように見守られたいのかという要求は見えにくいものです。しかし、その両方が満たされてこそ、子どもたちの発達は順調に進んでいきます。

何かができるようになりたいというのが発達要求の半分。見守られ応援される中で育っていきたいというのが、もう半分の発達要求です。できるようになることと、できるようになるやり方との両方を保障すること。それが子どもの「大きくなりたい」を応援することなのではないでしょうか。

3　応援されてあこがれをはぐくむ

人として信頼できる五歳児

第3章でとりあげた平松実践の中に、次のような場面が出てきます。

「鉛筆削りオシッコ事件」を起こしたかっちゃんがピカピカの笑顔で友だちの中に入っていけるようになった時、保育者の平松さんは、思わず「かっちゃんよかった……」とつぶやきました。すると、けんじくんとのんちゃんが「なにが?」と尋ねてきました。平松さんは、さぞあわてたことでしょう。保育者のつぶやきを聞かれてしまった。それだけではなく、「かっちゃんが成長してよかった」と端的に言ってしまうと、「今までのかっちゃんは問題児だった」というニュアンスになりかねませんから。返答に窮していると、二人は「ああ、かっちゃんね」とニコリと笑いました。そして隣にいたりかちゃんが、「私、もうかっちゃんのこと好きだよ」と言ったのです。

判断主体として育ってきた、五歳児三人の姿がまぶしく見えます。

保育者が言うからかっちゃんがよくなったと思うのではなくて、保育者は何も言わないのに、自分の頭で考えて、かっちゃんの成長を認めていました。四歳児の頃は自分の判断に自信がなくて大人に支持を求めていた子どもたちが、一年後には自分の頭で考え、すてきなことはすてき、美しいことは美しいと感じる感性や価値観を育てているのです。このように成長した姿は、もはや子どもとしてではなくて、ひとりの人間としても信頼できる姿です。

幼児期の最後に、このようにすばらしく子どもたちは育っていく。子どもの育ちの偉大さに感動を禁じ得ません。

このような育ちは、「思考力や判断力が成長したから」というだけでは説明できません。認識能力の育ちは、まったく別の行動原則を育ててしまうことがあります。ある五歳児は保育者に叱られた時にパニックのように泣きだして、「ごめんなさい、もうしません」と謝りました。泣き方のあまりの激しさに驚いた保育者が「そんなに泣かなくてもいいよ。わかればいいんだよ」と許してその場を去ったあと、その子はケロリと泣きやんで、隣にいた友だちにこう言ったのです。「な。泣けばいいだろ（泣けば許されるだろう）」。認識能力の育ちだけでは人間性の育ちを保障しないことがわかります。

また、価値観は大人に教えられるものでもありません。大人が言ったことが正しいと考えるだけでは、大人の顔色をうかがう子どもになってしまいますから。

美しいことを美しいと子どもが感じた時、その判断について大人から支持が与えられること、子ども自身による判断があって、その判断に共感する大人が見守っていることが、子どもたちの人間性を育てると言えるのではないでしょうか。つまり、「できること＝認識能力」の成長だけでなく、どのように見守られながら発達したのかという、見えにくい発達の側面がきちんと保障されていた時、子どもたちは人として信頼できる存在に育っていくのだと思います。

子どもの心の中に住む

私たちの心の中には、両親、夫や妻、恋人、友だちなど、たくさんの人が住んでいます。たまたま入ったレストランでおいしい食事を食べることができて、「今度は年老いた母親を連れてこよう。きっと喜ぶだろうな」と感じる時。旅先ですばらしい景色に出会い「ここに彼がいたらきっと感動しただろうな」と感じる時。私たちは心の中の母親や恋人に語りかけています。人間は、心の中のさまざまな人に語りかけながら、日々生活をしています。

息子のナツオが小学一年生になったある土曜日の夜、たまにゆっくりしている私を見て「土曜日はいいね……」としみじみ言ったことがありました。まだ週休二日制になっていない頃のことです。その時私は、ナツオの心の中に父親である私も住んでいるんだなと感じて、とてもうれしくなりました。一ヵ月ほど前の土曜日の夜に、私は「土曜日の夜はゆっくりできていいなあ。明日の仕事がないから、気持ちが楽だなあ」と言ったことがありました。ナツオはその言葉をちゃんと心の中にしまっておいてくれたのでしょう。「おとうさん、今、ゆっくりできてるでしょ？　ボクの中のおとうさんがそう言ってるよ」と言っているように聞こえました。

いつ頃から、どのようにして、子どもの心の中にたくさんの人が住むようになるのでしょうか。人見知りがはじまる〇歳の中頃から子どもの心の中に両親が住みはじめるといえるかもしれませんが、よりはっきりするのは、「後追い」を卒業する二〜三歳の頃です。おかあさんがトイレに行って姿が見えなくなっても、心の中におかあさんが住んでいるので子どもは泣かなくなる。それが「後追い」を卒業する心理学的なメカニズムだと言われています。

子どもの心の中に最初の形づくられるのは、きっと両親のイメージです。しかし、やがて友だちも心の中に住みはじめます。跳び箱がなかなか跳べずに練習していた時、葉っぱを一枚ずつ並べて何回練習したのかを見守り「ともちゃん五十二回もとんだよ、すごいね」と感動してくれたまりこちゃん（一六七ページ）は、きっと、ともこちゃんの心の中に住みはじめたに違いありません。

跳び箱を練習することによって、「跳ぶ」という力が子どものものになります。同時に、できるようになった時の光景、その時そばにいて見守ってくれていた人の姿も、子どもの心の中に内面化されていきます。その時、「心の中に住む人」が生まれるのではないでしょうか。

子どもの発達には見えやすい側面と見えにくい側面がある、と述べてきました。見えやすい側面とはできるようになること、見えにくい側面とはどのような状況のなかでできるようになったのかということで、それを「見守られたい要求」という言葉で示してきました。「見守られたい要求」は、「心の中に人が住むようになってほしい」という子どもの発達要求なのかもしれません。

保育者もまた、子どもの心の中に住む大切な存在です。

保育者の山岡真由美さんは歌が大好きで、クラスでたくさん歌を歌ってきました。そのクラスを卒業したたくちゃんは、中学校の合唱部で大活躍をして、全国コンクールにも出てテレビにも出演しました。それくらい歌好きになった彼が、おかあさんにポツリと言ったそうです。

「歌うことが好きなのは、山岡先生のおかげかな」と。

保育園の時に歌をたくさん歌ってきた。歌はたくちゃんの「できること」「好きなこと」として内面化されていったけれども、いっしょに見守り歌っていた「山岡先生」も内面化され、中学時代になっても心の中に住んでいる人になっていたわけです。

人間であれば誰にでも「心の中に住む人」がいます。心の中に住んでいる人が、いつもあたたかく自分を見守ってくれているのか、それとも、険しい顔で自分を非難ばかりする人なのか。その差はとても大きなものです。心の中に住む両親がいつも不機嫌だとしたら、「帰ったらまた何か嫌なことを言われる」と感じて、家に寄りつかなくなってしまうでしょう。心の中に住む人がいつもあたたかい目で自分を見守ってくれていたら、苦しい時でも「がんばろう」と思えるのではないでしょうか。悪いことをしようとしても、その瞬間に心の中のおかあさんの悲しい顔が浮かんだら、思いとどまることができるのではないでしょうか。

大橋美由紀さんのクラスで四、五歳児期をすごし卒園していったAくんは、Bくんと二人だけ、同じ小学校に入学しました。一年生になった時、理由はわかりませんが、一時的にとても〝荒れる子〟になってしまったそうです。友だちに対する乱暴や教師に対する反発がひどくて、先生も手がつけられませんでした。そんなAくんですが、Bくんがそばに来ると、急に穏やかな表情になるのだそうです。Aくんの心の中に住んでいるBくんは、保育園の時にとても楽しくあそんだ仲間です。だからBくんのそばでは、Aくんも穏やかな気持ちに戻れたのだと思われます。

「大きくなりたい」という子どもの気持ちには、「できるようになりたい」という気持ちと、

「見守られて大きくなりたい」という気持ちの二つが込められています。二つ目の気持ちが、子どもの中に大切な人をたくさん住まわせていくのだと考えられます。二十人の子どもを担任している保育者は、二十人の心の中にやがて住むようになります。そして、子どもたちをあたたかく励まし続けていくのではないでしょうか。

夢を応援する——幼児から小学生へ

五歳児は、自分の経験できる範囲のことについて、自ら判断をするように育ちました。その次の段階、つまり小学校低学年の時期は、自分が経験できない領域にまで想像の翼を広げ、そこに存在する価値を見つけ、あこがれを育てていきます。

元プロ野球選手の与田剛氏が、大リーグのジータ選手の幼い頃のエピソードを紹介しています。大意、次のような内容です。

ジータ選手が八歳のある夜のこと。

ジータ少年は、深夜になって両親の寝室を訪ねました。そして、次のように語りました。

「ボク、大リーグの選手になる!」

子ども心にそう思ったら、居ても立ってもいられなくなったのでしょう。ジータの両親は、ベッドから起きあがると息子と向き合い、その夢がどれだけむずかしく困難なことかをじっくり語り、最後に励まし、寝室に送ってくれたそうです。

ジータは、「両親は私の夢を理解して、真剣に話してくれた。今の自分があるのは両親のおかげ」と語っています。ヤンキースの主将で大リーグを代表する名遊撃手は、幼いころに自分の夢を真剣に聞いてくれた両親のおかげで誕生したわけです。

（与田剛「子供が夢を語るとき聞く耳を」「中日スポーツ」二〇〇五年七月二十八日付より）

跳び箱を跳べるようになりたいというような、今経験できる範囲を超えて、ジータ少年は自分の将来に思いを巡らせています。そして、「大リーグの選手」という価値を見つけました。このような世界の広がりは、幼児には見られないものです。五歳児まで、子どもたちは今の自分が経験できることについて、判断する力や価値観を育ててきました。その力が、次の発達段階になると子どもの心の中の世界をさらに押し広げ、自分の将来に対する夢やあこがれを生み出します。「大きくなりたい」という乳児期からの子どもの要求は、小学校低学年になると、「夢」として結実していきます。

見落としたくないのは、ここでもまた大人による見守りを求めていることです。自分の将来の夢に思いあたったジータ少年は、それを両親に告げずにはおれませんでした。深夜であるにもかかわらず、「聞いてもらいたい」という要求を抑えがたく、両親の寝室を訪ねたのです。自分の夢を聞いてほしい、そして、共感してほしいという「見守られたい要求」が、低学年においても発揮されています。ジータ少年の両親は、真剣に語り、励ますことによって、ジータ少年の夢を応援したわけです。

このような経験は、誰にでもあることでしょう。

私の息子も、小学校低学年の時にプロ野球選手にあこがれ、グローブとボールを持ってきて、「おとうちゃん、キャッチボールやろう」と毎日のように要求してきました。息子の気持ちとしてはたぶんキャッチボールを通して夢を語ることであり、その夢に共感してもらいたいということであったと思います。

「大きくなりたい」という子どもの思い。それはできることの成長と、見守られることの保障という両輪を得た時、少年期の入り口で夢やあこがれにたどりつくのではないでしょうか。なぜならば「大きくなりたい」は、単に「できるようになりたい」だけではなく「価値ある自分になりたい」という要求だからです。夢とあこがれをもった少年期を子どもたちに保障したい。そのために、私たちは見える発達と見えにくい発達の両方を、すべての幼児に保障していきたいと思います。

おわりに

山岡真由美さん（一八四ページ）が、五歳児のエピソードを紹介してくれました。

運動会の前々日のこと。

竹馬でバランスがとれず、なかなか乗ることができなかったしょうちゃんがひとりで乗れるようになりました。「やったねー！　しょうちゃん」と保育者がかけより抱きしめると、しょうちゃん「せんせい、きせきっておきるんだね。どうしてぼくにきせきがおきたんだろう」……

しょうちゃんの気持ちを思うと、胸がいっぱいになります。竹馬に乗れるまでには、小さな心の中にはさまざまな葛藤があったに違いありません。「きせき」が起きた理由、それは、しょうちゃんのがんばりと、しょうちゃんの葛藤をそばでずっと理解して見守っていた保育者がいたからではないでしょうか。

「大きくなりたい」を応援するとは、子どもを理解することなのかもしれません。自分を理解してくれる人がいるから、子どもたちは希望を持ち、「大きくなっていく自分」を信頼することができます。

両親が子どもの味方であるように、保育者もいつも子どもの味方であると子どもたちが感じられるように――そのために保育の研究があるのかもしれないな、と思う時があります。


本書を執筆するにあたって、多くの方にお世話になりました。

たくさんの保育者に登場していただきました。実践記録を引用させていただいたり、事例を使わせていただいた保育者のみなさんには、感謝の気持ちでいっぱいです。

いっしょに子どもと保育のことを考えてくださる全国の保育者のみなさんには、いつも励まされてきました。みなさんがいなければ本書は書けなかったし、書きたい気持ちもわいてこなかったと思います。

原稿の上がりが遅く、〆切ギリギリになってから、無理を押してすてきなイラストを描いてくださったせきしいずみさん、装幀を担当してくださった山田道弘さん、本当にありがとうございました。

私の学生たちへ。いっしょに苦しさを分かちあってくれてありがとう。

そして、いつも私の原稿を根気よく待って、最高の体制を準備して本にしてくださるひとなる書房の松井玲子さんと名古屋研一さん。お二人に精神的に支えられて書き上げることができました。心よりお礼を申し上げます。

本書は『現代と保育』(ひとなる書房)誌上に掲載した以下の文章を大幅に書き直して再構成したものです。

「ていねいさと楽しさとをあわせもった保育」第六一号、二〇〇五年
「判断主体としての育ちと四、五歳児の『難しい子』の問題」第六二号、二〇〇五年
「子どもが自己を感じられるように」第六三号、二〇〇五年
「あそびからはじまる」第六四号、二〇〇六年
「『いっしょが楽しい』を育てる」第六五号、二〇〇六年
「『できるようになりたい』を応援するとは?」第六六号、二〇〇六年
「子どもから学び、実践から学ぶ」第六七号、二〇〇七年

二〇〇七年夏

神田　英雄

著者紹介●●●●

神田英雄（かんだ　ひでお）

1953年、埼玉県生まれ。2010年３月、急病にて死去。
桜花学園大学教授、発達心理学専攻。

『０歳から３歳――保育･子育てと発達研究をむすぶ〔乳児編〕』（草土文化）
『伝わる心がめばえるころ――２歳児の世界』（かもがわ出版）
『３歳から６歳――保育･子育てと発達研究をむすぶ〔幼児編〕』（ひとなる書房）
『育ちのきほん――０歳から６歳』（ひとなる書房）
『続・保育に悩んだときに読む本』（ひとなる書房）
『子どもとつくる保育・年齢別シリーズ』（共監修、ひとなる書房、刊行中）
『遊びの発達心理学』（共著、萌文社）
『幼児のあそびシリーズ』全五巻（共編著、旬報社）
『子どもの「変化」と保育実践――「荒れる」「キレる」をのりこえる』
（共著、全国保育団体連絡会）

保育に悩んだときに読む本――発達のドラマと実践の手だて

2007年８月４日　初版発行
2014年８月20日　９刷発行

著　者　神田　英雄
発行者　名古屋　研一

発行所　㈱ひとなる書房
東京都文京区本郷2－17－13－101
TEL　03(3811)1372
FAX　03(3811)1383
e-mail : hitonaru@alles.or.jp